医療組織のトップ・マネジャー

病院経営を革新する変革型リーダー：その成長と行動

渡邉豊彦［著］

WATANABE Toyohiko

LEADERSHIP
TOP MANAGER
TRANSFORMATIONAL LEADER

東京　白桃書房　神田

まえがき

神戸大学大学院経営学研究科の研究室で金井壽宏先生から，心理学者であるC.G.ユングの「人生の正午」という言葉を教えていただいた。日の出から天頂，そして日没へ向け暮れゆく時間，人生の午前から午後への変曲点，成長から成熟への転換点を意味し，美しくもあるが，とても寂しく響く言葉でもある。世阿彌もまた，「上がるは三十四五までの頃，下がるは四十以来なり」と，芸の向上は四十歳を過ぎれば以降は下るばかりと厳しく言う。

医師もまた，臨床医という専門職から若手医師の指導，病院経営の一翼を担う管理職になるとき，「医師の正午」を迎える。私自身，この「人生の正午」，「医師の正午」を迎えた45歳のときに，神戸大学大学院経営学研究科のMBAコースに入学し，経営学と出会った。

管理職となる医師には，部下の育成が求められ，第一線の臨床から離れる戸惑いや葛藤，トレードオフ関係にある医療の質と経営効率，さらには自身のキャリアパス形成への不安など，多くの問題を抱える。これら諸問題に直面するキャリアの節目を迎えた医師に焦点を当て，医師がリーダーとしていかに発達をとげるのか，そのプロセスや背後にあるメカニズムを明らかにすることが本書のねらいである。

人は何かを捨て去り，喪失しながら人生のステージを辿る。管理職が直面するキャリアの節目は，喪失と引き換えに何か新しいものを獲得する試練のときでもある。世阿彌はこの試練のときを，「時々の初心」と言い，中年にも初心があると言う。私自身，多くの仲間と出会い，経営学を学ぶことにより「初心」を感じ，キャリアの節目を希望をもって乗り越えることができた。

本書の執筆において，数多くの方々のご指導とご支援を賜った。まず，ご多忙の中，インタビュー調査にご協力いただいた変革型リーダーである9名の病院長先生，ならびに病院関係者の方々に感謝を申し上げたい。この9名の先生方は，いずれも以前から私が尊敬申し上げ，先生方のようなリーダーになるためにはどうすればよいのかという思いが，本研究の端緒となった。

神戸大学大学院経営学研究科での研究にあっては，まず，金井壽宏先生に感謝を申し上げたい。博士課程への進学および研究全般にわたる多大なご支援，ご指導を賜った。金井先生の経営学の造詣の深さ，また紹介いただく海外研究者，英語論文のバラエティの豊富さに，只々感嘆するばかりで，私にとって一生忘れ得ぬものとなった。初学者レベルから経営学の研究をスタートした私が，本書を執筆するまでに至ることができたのは，鈴木竜太先生の親身なご指導のおかげである。鈴木先生の研究姿勢の緻密さに触れ，経営学の面白さと難しさを学ばせていただいたことに，心から感謝を申し上げたい。また，服部泰宏先生には，議論を精緻化するためのポイントを詳細にアドバイスしていただき，感謝している。神戸大学大学院経営学研究科博士課程後期課程の金井ゼミ，鈴木ゼミで共に研鑽した仲間にも深謝申し上げたい。多くの仲間と真剣に議論し，また，悩みを共有し励ましあったことは，大きな財産である。

本書の出版を快く引き受けてくださり，入念な編集と校正でお世話いただいた白桃書房と平千枝子氏，金子歓子氏に心より御礼を申し上げる。

職場の上司であり，医学，経営学の2領域での研究遂行を支援していただいた岡山大学理事・副学長　那須保友教授に御礼を申し上げる。

最後に，研究を遂行し，本書を上梓することができたのも家族の支援があってのことであり，心から感謝したい。

2022年2月

渡邉豊彦

目次

図表目次

本研究の調査協力者（五十音順・敬称略）

青山興司（あおやまこうじ）（独立行政法人国立病院機構 岡山医療センター 名誉院長）

第5章5.4.1項，5.4.2項，5.4.3項

1968年医学部卒業。1974年国立岡山病院（現・独立行政法人国立病院機構 岡山医療センター），メルボルン小児病院外科を経て，国立岡山病院では小児外科を開設し，初代小児外科医長に就任。1997年川崎医科大学外科学（小児）教授，2004年独立行政法人国立病院機構 岡山医療センター院長などを経て，2017年青山こどもクリニック開設。院長就任タイプは「⑴たたき上げ」。

当時診療科として独立していなかった小児外科を開設し，初代の診療科長として自らの手でその組織を構築。岡山県内の7-8割の小児外科疾患を担当するまでに成長させる。川崎医科大学では独自の指導法で医学生教育に情熱を注いだ。国立病院機構岡山医療センターの院長時代には，赤字に苦しむ病院の黒字化への道筋をつけ，地域医療の充実に力を注いだ。院長退任後，73歳時に自身のクリニックを開設。

岩垣博巳（いわがきひろみ）（独立行政法人国立病院機構 福山医療センター 院長）

第5章5.1節，5.2節，5.3節，第6章6.1節，6.2節

1980年医学部卒業。関連病院での臨床研修後は，岡山大学でアカデミアの研究者としてのキャリアを歩み，大学病院スタッフとして先進医療に携わる。2007年福山医療センター副院長，2013年院長就任。専門は消化器外科。院長就任タイプは「⑶医局スター」。

医師不足による地域医療崩壊危機の中，独自のネットワークを活用することで医師を増員し，地域周産期母子医療センターとして最大規模の新生児室を運営，拡大。入院病棟の建て替え，新たな医師採用にも成功している。

大枝忠史（おおえだただし）（尾道市立市民病院 院長）

1983年医学部卒業。関連病院で臨床研修後は，岡山大学病院で外来医長とし

て，診療，研究，教育に従事した。1997 年尾道市立市民病院泌尿器科診療科長として赴任。2019 年尾道市立市民病院院長就任。専門は泌尿器科。院長就任タイプは「(3)医局スター」。

2011 年からは泌尿器科診療だけでなく，医療安全管理室長，部長を兼務し，院内の安全管理，医療品質管理の責任者として活躍し，その実績が評価され，院長に就任している。

大島伸一（おおしましんいち）（国立研究開発法人国立長寿医療研究センター 名誉総長）

第 5 章 5.2 節，5.4.1 項，5.4.2 項，5.4.3 項，第 6 章 6.5 節

1970 年医学部卒業，1970 年社会保険中京病院泌尿器科に赴任。腎移植を中心に臨床に従事。1992 年同病院副院長，1997 年名古屋大学医学部泌尿器科学講座教授，2002 年同附属病院病院長を経て，2004 年国立長寿医療センター総長，2010 年同理事長・総長。2014 年より名誉総長。専門は泌尿器科，腎移植。院長就任タイプは「(1)たたき上げ」。

医学部卒業後わずか 3 年で社会保険中京病院（現・独立行政法人地域医療機能推進機構中京病院）における第 1 例目の生体腎移植を実現し，腎移植の先駆者として数々の実績を打ち出した。社会保険中京病院（現・独立行政法人地域医療機能推進機構中京病院）を腎移植では我が国トップレベルの医療機関に育て，社会的にも臓器移植のあり方を問いかけ，脳死による移植を推進するなど，日本の医療の発展に大きく貢献した。国立長寿医療研究センターの総長に就任してからは，長寿医療という新しい医療分野の先導役を務めている。

金田道弘（かねだみちひろ）（社会医療法人緑壮会 金田病院 理事長）

第 6 章 6.1 節，6.4 節

1979 年医学部卒業。関連病院で臨床研修後，1984 年，実父が創業した特定医療法人 緑壮会 金田病院の外科部長就任。1986 年から同院の理事長を務める。専門は外科学一般。院長就任タイプは「(4)個人開業・世襲」

厚生労働省 保険医療専門審査員，厚生労働省 中央社会保険医療協議会・診療報酬調査専門組織・DPC 評価分科会委員，岡山県保健医療計画策定協議会委員，岡山県真庭地域医療再生計画推進協議会副会長として，人口減少，過疎化が進む地域医療を守るため連携の必要性を訴え活動している。

北野博也（国立大学法人鳥取大学 副学長）

第6章6.1節，6.2節，6.3.1項，6.4節

1980年医学部卒業。臨床研修の後，滋賀医科大学医学部でアカデミアとしてキャリアを歩み，米国留学を経て，2002年鳥取大学医学部感覚運動医学講座耳鼻咽喉・頭頚部外科学分野 教授に就任。2011年鳥取大学医学部附属病院長に就任し，鳥取大学理事（医学・医療担当）兼副学長も務めた。専門は耳鼻咽喉科。院長就任タイプは「(3)医局スター」

2004年に国立大学法人化時の鳥取大学病院の収入は，全国病院ランキングも低く，儲からない大学病院として有名であった。しかしながら，アイデア溢れる諸改革により，2014年大学病院の収入を大幅に増加させ，全国の国立大学附属病院に大きなインパクトを与えた。代表的な仕事として，低侵襲外科センターを創設（手術ロボット　ダヴィンチ［da Vinci Surgical System］の導入）と男女共同参画事業の推進が挙げられる。

古城資久（医療法人伯鳳会グループ赤穂中央病院 理事長）

第5章5.3節，第6章6.1節，6.2節，6.3.2項，6.4節，6.5節

1984年医学部卒業。関連病院で臨床研修の後，大学病院で基礎・臨床研究に従事し，医学博士号取得。1993年実父が創業した赤穂中央病院に赴任。2001年医療法人伯鳳会グループ理事長就任。専門は外科学一般。院長就任タイプは「(4)個人開業・世襲」。

「平等医療，平等介護」の理念の下，兵庫県の赤穂中央病院（265床）を拠点に50年以上に渡って地域医療を続ける伯鳳会グループの総帥である。M&A（企業の合併買収）によってグループを拡大し，グループの10の病院を中心として，診療所，介護老人保健施設，医療専門学校など，60を超える事業所を全国8都市にて運営。その事業展開に加え病院運営面の改革手法でも注目を集めている。

友田純（独立行政法人国立病院機構福山医療センター 名誉院長）

1972年医学部を卒業し，関連病院で研修後，大学病院で助手，講師と昇進し，内視鏡のスペシャリストとして活躍。1994年に国立福山病院内科医長として赴任。2007年に国立病院機構福山医療センター院長に就任。2013年院長退職後，赤磐医師会病院診療顧問。専門は消化器内科。院長就任タイプは「(3)医局スター」。

院長就任後，収益をV字回復させた。業績としては，老朽化した病棟，手術棟の建て替えを決定し，2011年9月新病棟を完成させ診療体制を整備した。院長退職後は，ライフワークである内視鏡内科医に戻り専念。

猶本良夫（なおもとよしお）（学校法人川崎医科大学総合医療センター 院長）

第5章5.2節，第6章6.1節，6.2節

1978年医学部卒業，大学病院で助手，講師，准教授としてキャリアを歩み，2010年川崎医科大学附属川崎病院（現・川崎医科大学総合医療センター）の副院長として赴任。2017年4月同院病院院長就任。専門は消化器外科。院長就任タイプは「(3)医局スター」。

消化器外科がん手術の中でも最も難易度が高いとされる食道がん手術をこれまで600例以上執刀し，全国でも屈指の治療実績をもつ臨床医である一方，経営学博士号（神戸大学）を有する経営学研究者でもある。自動車メーカーの業務改善活動を取り入れたトヨタ記念病院（愛知県豊田市）などの先進的な病院経営を研究し，その成果をまとめた『病院組織のマネジメント』（碩学舎）を共著で出版している。

＊調査協力者の所属等プロフィールは，調査時点（2015年9月～2019年5月）のものである。
＊＊各人のプロフィール詳細は，第4章4.3.2項を参照されたい。

第1章 序論

1.1 研究の背景と問題意識

世界の中でも著しく急速な少子高齢化の進展に伴う疾病構造の変化により，老人医療をはじめとする我が国の医療費は，年々増大している。1990年代のバブル経済崩壊以降の日本経済の低迷に起因し，医療保険財政も悪化するなど，極めて厳しい状況が続いている[1]。さらに，患者の医療に対する意識の変化など，病院経営をめぐる環境も大きく変化してきている。このような流れの中，病院は存在意義が問われ，どのように生き残っていくかという大きな岐路に立たされている。医療の質の向上，患者サービスの充実，経営の効率化など，病院が急務とする課題は多岐にわたり，病院の最高管理者である院長の意思決定は今まで以上に重要なものとなり，病院の将来を左右すると言っても過言ではない。

プロフェッショナル・スポーツ界においては「名選手，名監督にあらず」というフレーズがよく使われる。医師の世界においても，自律志向性が強く，組織へのコミットメントが相対的に弱いとされるプロフェッショナルをマネジメントすることの難しさが指摘され，研究されているが（Fogel, 1992；田尾，1998），医師がどのようにしてマネジメントスキルやリーダーシップを獲得して病院のトップ・マネジャーになっていくのかということに

1　第119回社会保障審議会医療保険部会（令和元年9月27日）「資料2 医療保険制度をめぐる状況」に基づく。https://www.mhlw.go.jp/content/12401000/000551651.pdf（2021年11月1日閲覧）。

関しては，これまであまり言及されてこなかった。

伝統的な専門職でありプロフェッショナルである医師の場合，医療法上，病院の管理者は臨床研修修了医師であることが義務付けられており[2]，また，医療法人の理事長も原則，医師でなければならないと定められている[3]。したがって，管理職（院長）となった医師は，プロフェッショナルがプロフェッショナルとしての役割を維持したまま，リーダーとして病院経営においても戦略策定やその実行において責任を果たさなければならない。それ故に，医師における専門職から管理職へのキャリア・トランジションにおける葛藤も大きく，上手く脱皮できない医師も多い。

マネジャーの能力獲得に関しては，キャリア初期から良質の経験を重ね，内省，概念化，実践というサイクルを連続的に繰り返し学習することにより成長するとするKolbの経験学習理論（Kolb, 1984）をフレームワークとした実証研究が多くなされてきた。日本においては，修練を積み重ねた優秀な医師がトップ・マネジャーである院長に選ばれる。しかしながら，同じように臨床医として優れ，同じようなキャリアを歩んだにもかかわらず，なぜ病院のトップ・マネジャーとして優れた業績を上げることができる医師がいる一方で，そうとは言えない医師が存在するのであろうか。

本書では，病院のトップ・マネジャーに焦点を当て，リーダーの成長という視点で研究をおこなうこととする。

日本では，医師の資格，職務に関しては，医師法で定められており，一方，医療法において，病院や診療所など医療機関の定義，管理体制，人員配置や設備などについて定められている。病院管理者に関しては，医療法第10条で病院の管理者は医師でならなければならないと定め，第15条で病院

2　医療法第10条「病院又は診療所の開設者は，その病院又は診療所が医業をなすものである場合は臨床研修等修了医師に，歯科医業をなすものである場合は臨床研修等修了歯科医師に，これを管理させなければならない。」

3　医療法第46条の6「医療法人（次項に規定する医療法人を除く。）の理事のうち一人は，理事長とし，医師又は歯科医師である理事のうちから選出する。ただし，都道府県知事の認可を受けた場合は，医師又は歯科医師でない理事のうちから選出することができる。」

管理者の監督義務を規定している[4]。また，管理者の遵守すべき事項や注意義務などは医療法施行細則で定められている。しかしながら，管理者としての必要な能力や資質に関しては，医療法では述べられていないし，定義もなされていない。つまり，医師であれば，誰でも院長になることができるということである。

一般企業であれば，新入社員は入社以降，仕事経験を重ねて昇進し，将来は管理職となり，中には社長，経営者をめざすものもいるかもしれない。しかしながら，医師であれば，誰でもトップ・マネジャーである院長になる可能性はあるが，必ずしも医師が皆，将来，院長になることを目指して，日常診療し経験を重ね技術を磨いているわけではない。また，医師の誰もが院長に「向いている」というわけでもなく，管理能力が付与されているわけでもない。

そもそも，院長の仕事とは何か，何を業務とするのか。民間企業であれば，院長は社長，経営者に相当するが，院長の仕事は，病院の開設主体や病院規模によって異なるであろうし，また，その病院の置かれている環境や時代によって，求められる院長の役割も様々である。実際，院長の仕事は，画一的ではなく，千差万別である。経済が右肩上がりの時代には，病院の経営やマネジメントのことは事務長に任せ，院長は臨床現場で，専門職として先頭に立ち患者診療を指揮することにのみ注力しておけばよかった。しかし少子高齢化が進み，医療費が年々増大する社会において，医療の高度化，経営環境の厳しさ，そして患者の医療，医療機関に対するニーズの多様化など，医療機関を取り巻く環境は大きく変化している。今日の厳しい医療環境の中では，単なる経験や勘だけでは病院管理者，経営者としては通用しない。このような変革期において病院のトップ・マネジャーはどのような舵取りを求められているのであろうか。

4　医療法第 15 条「病院又は診療所の管理者は，この法律に定める管理者の責務を果たせるよう，当該病院又は診療所に勤務する医師，歯科医師，薬剤師その他の従業者を監督し，その他当該病院又は診療所の管理及び運営につき，必要な注意をしなければならない。」

筆者はそのような舵取りを可能にするのは，「決められたことを決められた通りにこなす」リーダーとは異なる「変革型リーダー」であると考える。

変革型リーダーシップ理論は，政治学領域でBurns (1978) がリーダーシップを交換型リーダーシップと変革型リーダーシップに区分したことに始まる。変革型リーダーシップはリスクに対する耐性が高く，不確実性や曖昧性が高い状況において効果を発揮することが知られている (Howell & Higgins, 1990；Shin & Zhou, 2003)。また，変革型リーダーシップ理論は，環境不確実性に対応して組織を変革し，成功へと導くためにリーダーはどのような行動をとるべきなのかを議論の中心に据えている (Tichy & Devanna, 1986)。変革型リーダーとは，一方で変化への自然な抵抗をうまく克服しながら，他方では変化していく方向に夢，ビジョンを与え，人々を変化の波に乗せることができるリーダーである (金井，1989) とされてはいるが，人はどのように自らを変化させ，フォロワーにビジョンを与え，変化させるようなリーダーにまで成長するのであろうか。変革型リーダーに至るプロセスは，必ずしも明らかになっているとは言い難い。

前述のように，病院においても変革型リーダーは求められている。しかしながら，現状の医師のキャリアパスは，卓越したプロフェッショナルとなるためのものであり，病院経営における変革型リーダーとなるためのキャリアパスは想定されていない。

そこで本書では，「病院におけるリーダーがどのように変革型リーダーになるのか，そのプロセス，ならびに発達メカニズムはどのようなものなのか」をリサーチクエスチョンとして，研究を遂行する。

1.2 本書の構成

本書は，全７章から構成されている。第１章では，研究の背景を説明し，本書全体を貫くリサーチクエスチョンを提示した。第２章では，プロフェッショナルについての研究を整理した上で，医療組織である病院システムと，そこに従事する医師のキャリア形成について解説をおこなう。第3章では，リーダーの成長に関する研究についてのレビューをおこない，理論的課題を明らかにする。第4章では，リサーチクエスチョンに対して調査課題を示し，質的研究方法を用いた調査について，調査対象者の選択と説明，ならびにデータ収集の方法と分析方法を説明する。第5章では，調査対象者へのインタビュー，ならびに行動観察に基づき，臨床医，診療科長，トップ・マネジャーである院長の仕事と役割，さらに病院におけるリーダーの発達とアイデンティティの変容を記述し，病院における変革型リーダー像を浮かび上がらせる。第6章では，調査課題「何が変革型リーダーのアイデンティティを変容させたのか」，さらには「変革型リーダーとよばれる病院のトップ・マネジャーは，なぜスムースにアイデンティティの変容できたのか」という調査課題に対する記述と解釈をおこなう。最後に第7章では，第5，6章の分析結果をまとめ，そこから導かれる理論的および実践的貢献と本書の社会的意義，そして今後の課題と提言を提示する。

第2章 医療組織と医師のキャリア形成

本書における研究の対象は，医療組織のトップ・マネジャーである。そこでまず本章では，医療組織，ならびに，そこでの仕事に従事するプロフェッショナルである医師のキャリアに関して説明をおこなう。

2.1 医師とプロフェッショナリズム

2.1.1 プロフェッショナルとは

伝統的に三大プロフェッションと呼ばれてきた3つの職種，すなわち，聖職者，医師，弁護士は，「人のために尽くすよう天地神明に誓うことが求められる専門職」であることから他の一般的な職業とは異なる特殊な専門職としてみられてきた。なかでも，医師はプロフェッショナルとして代表的な地位を得てきたとも言えることから社会学者は医師を専門職の事実上のプロトタイプとみなし，医師を研究することによって，多様な専門職概念の真実性と多様性の検証を行ってきている（Freidson, 1974）。

プロフェッションの語源については，profess（信仰を告白する）という宗教的響きをもつ言葉から派生したものであり，初期には教会と強い結びつきがある言葉であったと言われている。歴史的に病院は，中世ローマ帝国においては単に病気に罹った患者を治療して寝泊りさせるキリスト教の慈善の空間であったものから，近世になると医学の進歩にともない，その姿は大きく変化し，病院は臨床に基づく医学研究，教育の場となった。

ここでまずは，本書におけるプロフェッション，プロフェッショナルの定義をしておきたい。プロフェッションとは，次の(1)〜(3)のような特徴を備えた職業とされており（太田，1993），プロフェッショナルとは，そのプロフェッションを構成するメンバーのことである。

(1) 長期的な教育訓練によって獲得した体系的かつ専門的な知識や技術を有していること

(2) サービスの提供において，倫理的規範に従うことが求められること

(3) 能力的，倫理的基準を維持することを目的とした専門家団体が存在すること

なお，田中（2009）が示すように，医師はとくに公益性，道徳性，専門性が強く求められていることは自明である。本書ではプロフェッション，プロフェッショナルは同義として扱う。

専門職（プロフェッショナル）は，職業人志向をもつ人々とされている。Gouldner（1958）は，組織の成員を職業人性（コスモポリタン）と組織人性（ローカル）の2つに分類している。コスモポリタンは雇用されている組織に対する忠誠心が低く，専門知識に深く関与し，専門的な自己充足に関心を向ける職業人志向の強い人である。彼らは外部の準拠集団を志向する傾向がある。一方，ローカルは組織への忠誠心を強くもち，そのヒエラルキーの中での上昇に関心を向ける組織人志向が強い。この組織の成員の分類の中で，専門職（プロフェッショナル）は，専門知識の修得や外部に準拠集団をもつなど職業人志向が強い。

藤本（2005）は，組織に愛着をもつ専門職の存在することを指摘した。藤本は個人が所属する多元的な組織・集団での地位差が移動可能性と準拠集団選択行動に影響を及ぼしていると考え，これらの状態を数学的概念であるローカル・マキシマム概念[1]を用い，専門職が所属組織も準拠集団として選択するメカニズムを説明した。医師はそのキャリアにおいて40歳位までは

1 数学的な概念であり，多峰性関数において限られた範囲での最大値を示すもので，真の最大値は他に存在する場合に用いられる。

数年ごとに病院を転々とし，コスモポリタン的であるが，40歳を過ぎたあたりから異動が減じ，病院内での地位の向上に関心を向けるものが多いことを例にあげ，移動可能性が減少した医師のこのような現象についても，ローカル・マキシマム概念で説明できるとする（藤本，2005）。

次に，専門職と組織との関係について検討する。Etzioni（1964）によれば，組織とその活動において，専門職の構成比率と組織内での職業的役割によって，組織は専門職組織と非専門職組織の2つに分類される。専門職組織では，成員の50%以上を占める専門職が「知識」の創造・応用・伝達を通じて組織活動の中心的役割を担い，組織の目的は知識を制度化しその創造を支えることである。病院のような完全専門職組織においては，専門職が主要活動をおこなうのに対し，管理者は二次的活動を担当し，専門職がおこなう主要活動に対する手段を管理する。

専門職組織のトップになることで，特別なジレンマが生じるが，それは制度化された役割葛藤の典型とも言える。権限構造のトップに専門職がいるということで，専門職の活動が主要な目的活動となり，専門職の要求が理解あるいは配慮をうける可能性が高くなる。他方において，組織はその特定の目的活動とは関係のない二次的機能を有している。すなわち，ヒト・モノ・カネに関する組織の経営管理的な活動である。しばしば専門職は，主要な目的活動を強調しすぎて二次的機能を無視するために，専門職組織内の統合を危うくする。専門職組織のトップの役割には，互いに相いれないこの双方の志向，個人的性格，さらに才能が必要となる（Etzioni, 1964）。

Etzioni（1964）は，Stanton & Schwartz（1954）の研究を例に挙げ，成功している専門職はたいてい管理職になるつもりはなく，大学の学長や病院長という最高位の役割を含めて，どんな管理的役割をも拒否する者もいると言う。なぜなら彼らは，その専門の価値に帰属して専門職グループに結びついており，また，自分が管理的役割を上手く遂行できないということを感じているためでもある。このような管理的役割を進んで引き受ける人は，しばしばその同僚に比べて，専門の価値にあまり献身していないか，またはそのような役割を生涯の仕事としてではなく，一時的な身分だと思っていると述べている。

2.1.2 医師におけるプロフェッショナリズム

近年，わが国における医療に対する社会の意識は急速に変化しつつあり，医療におけるプロフェッショナリズムが話題となることが多い。その背景には，医療技術の高度化や専門分化，また，医療費高騰による医療の効率化への要請，社会の健康に対する意識の高まりによる医師の説明責任の増大などが挙げられる。さらに，インターネットやSNSを通じた玉石混交の医療情報の氾濫や医療事故に関する報道の増加もあり，医療や医師に対する信頼が揺らぎつつある。

古くはヒポクラテスの誓い[2]をはじめとした医の倫理要項は，場所，時代により形を変えながらも，世界中の医師，医学会，医療機関により提唱されてきた。その内容は，プロフェッショナルとして求められる公益性，道徳性，社会性を基本に据えている。

日本においても，医学教育においてプロフェッショナリズム教育が重視されるようになってきた。2018年に医師臨床研修制度の見直しに関する報告書が公表され，同報告書の提言は2020年から適用されることになった。臨床研修の到達目標は，A. 医師としての基本的な価値観（プロフェッショナリズム），B. 資質・能力，C. 基本的診療業務の3つの柱からなる。とくに，プロフェッショナリズムを「医師としての基本的な価値観」と定義した上で，「社会的使命と公衆衛生への寄与」，「利他的な態度」，「人間性の尊

2 ヒポクラテスは紀元前5世紀にエーゲ海のコス島に生まれたギリシャの医師で，それまでの呪術的医療と異なり，健康・病気を自然の現象と考え，科学に基づく医学の基礎を作ったことで「医学の祖」と称されている。彼の弟子たちによって編纂された「ヒポクラテス全集」には当時の最高峰であるギリシャ医学の姿が書き残されている。そのなかで，医師の職業倫理について書かれた宣誓文が「ヒポクラテスの誓い」であり，世界中の西洋医学教育において現代に至るまで語り継がれている（江本秀斗「ヒポクラテスと医の倫理」『医の倫理の基礎知識　2018年版』https://med.or.jp/dl-med/doctor/member/kiso/inorinri_kiso2018.pdf〔2021年11月1日閲覧〕から引用）。

医師は，病める人の尊厳を守り，医療の提供と公衆衛生の向上に寄与する職業の重大性を深く認識し，医師としての基本的価値観（プロフェッショナリズム）及び医師としての使命の遂行に必要な資質・能力を身に付けなくてはならない。医師としての基盤形成の段階にある研修医は，基本的価値観を自らのものとし，基本的診療業務ができるレベルの資質・能力を修得する。

A. 医師としての基本的価値観（プロフェッショナリズム）

1. 社会的使命と公衆衛生への寄与
2. 利他的な態度
3. 人間性の尊重
4. 自らを高める姿勢

B. 資質・能力

1. 医学・医療における倫理性
2. 医学知識と問題対応能力
3. 診療技能と患者ケア
4. コミュニケーション能力
5. チーム医療の実践
6. 医療の質と安全の管理
7. 社会における医療の実践
8. 科学的探究
9. 生涯にわたって共に学ぶ姿勢

C. 基本的診療業務

コンサルテーションや医療連携が可能な状況下で，以下の各領域において，単独で診療ができる。

1. 一般外来診療
2. 病棟診療
3. 初期救急対応
4. 地域医療

図 2-1　臨床研修の到達目標

出所：厚生労働省「医道審議会医師分科会医師臨床研修部会報告書－医師臨床研修制度の見直しについて」（平成 30 年 3 月 30 日）

重」，「自らを高める姿勢」という 4 項目に定め，到達目標に盛り込まれている（図 2-1）。

大学の医学部を卒業し，医師国家試験に合格し，医師としての歩みをはじめた者にとって，医学知識や技術の習得だけでなく，このようなプロフェッショナルとしての矜持の涵養は，医師のアイデンティティの確立において重要であると言える。

2.2 医師のキャリア形成

2004 年度より創設された新医師臨床研修制度[3]により，医学部を卒業後，初期研修，ならびに後期研修先の病院を，医師個人が自由に選択できるようになった。それにより医師のキャリアに対する医局制度の影響力は年々低下

3　本制度では，診療に従事しようとする医師は，2 年以上の臨床研修を受けなければならないとした（必修化）。必修化の背景として以下のことが挙げられる。

しつつある。しかしながら，本書が対象とする100床以上の地域基幹・拠点病院や公的病院の管理職医師の人事に関しては，医局制度が，現在においてもいまだ影響力を保っている。そのため，本節では，医局制度とは何か，また，医局制度が医師のキャリアにどのように関わってきたかを論じたい。

2.2.1 医局制度の構造

医局という言葉は，本来，医師の控え室という意味であるが，転じて大学医学部の臨床講座，そしてそれを中心とした人事システムが及ぶ医師の集団を意味する。この医局は，大学病院だけでなく，市中の関連病院も含めた大きな集団であり，「同門」とも呼ばれる。大学個々の医師が医局システムに組み入れられることを「入局」と呼び，一般的に企業の就職，入社に相当するが，どちらかと言えば，茶道，華道の各流派の家元[4]に入門することに近いかもしれない。事実，医局制度も一種の家元制度であると言われる。権威の伝承として制度的に連続性を有し，医療技術を伝承し，医師の教育ならびに医師にキャリアパスを提供する機能を有するシステムであるためである。医師免許取得後，医師のほとんどは，医局員として，医局の統制下で，臨床経験を蓄積し，医師としてのキャリアを歩むことになる。医局はいくつかの関連病院と強く結びついていて，医局ネットワークを形成している。医局制度における医局は，その組織の境界に公式制度上の境界をもたないが，医局ネットワークの中で，医師は転職を繰り返している。形式的には多くの医師は市中病院に就職しているのであるが，実質的には医局に属しているのであ

・地域医療との接点が少なく，専門科に偏った研修が行われ，「病気を診るが，人は診ない」と評されていた。
・多くの研修医について，処遇が不十分で，アルバイトをせざるを得ず，研修に専念できない状況であった。
・出身大学やその関連病院での研修が中心で，研修内容や研修成果の評価が十分には行われてこなかった。

厚生労働省「医師臨床研修制度の変遷」https://www.mhlw.go.jp/topics/bukyoku/isei/rinsyo/hensen/（2021年11月1日閲覧）

4　技術に関する文化を伝承し，一流一派の根源である家のこと。家元—師匠—弟子という身分的な構成の中に位置づけられ，家元社会の中で一定の機能をもった1つの機関とみなされる（川島武宣『イデオロギーとしての家族制度』岩波書店，1957）。

る。大学病院でない市中の関連病院に勤務する医師が，医局組織に帰属していると言えるのは，その関連病院[5]が医局の人事管理下にあるからである。医局人事の特徴は，大学の臨床講座や大学病院だけでなく，市中病院の常勤医ポストに対しても，いつ，どの医局員を赴任させるかについての決定権をもっていることである。人事権は，一門の主宰者である教授が有しており，実務は大学の医局長が取り仕切る。大学医局は，教授を頂点とし，准教授，講師，助教の正規職員，そして医員，後期研修医，大学院生の非正規職員からなるピラミッド構造を形成している。このような医局は，全国90を超える医学部・医科大学の臨床系診療科講座に対応し，全国に約2000存在してきたと言われる（猪飼，2010）。その規模は，10数名の小規模のものから，歴史と伝統ある旧帝大系の医局では，数百名が所属する大規模なものまで様々である。しかしながら，医局の構造は基本的に同じである。

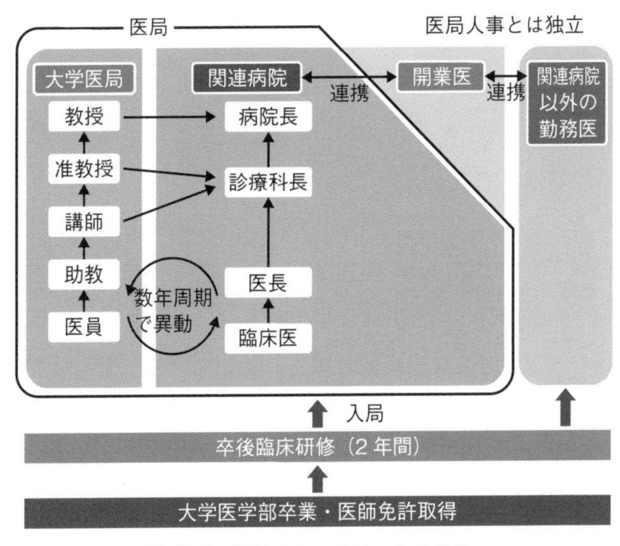

図 2–2　医師のキャリア・システム

5　大学の医局と人事において関連をもつ病院。ドイツ語のsitz（座席）から「ジッツ」と呼ばれることもある。

■医局制度と医師のキャリア・システム

図2-2に示すように，医学部を卒業し，医師国家試験に合格して医師免許を取得すると，初期研修医として2年間，大学病院や市中の関連病院で卒後臨床研修を終えた後，今後専門とする診療科を選択して医局に入局する。入局後，最初の1年間は大学病院で過ごし，そのまま大学院へ進み，基礎研究に従事する場合もあるが，一般的には，関連病院において，上級医の指導の下で臨床経験を積むトラックに入る。ここで2，3年のスパンで関連病院を異動する人事は，「ローテーション」と呼ばれる。一般的には30歳代前半までは，いくつかの関連病院を回ることになる。ローテーションの期間中に，大学へ戻り大学院に籍を置き，研究を行い，博士号を取得する医師も多くいる。

一般的には，入局後10～15年目となる35歳から40代前半に博士号は取得することになるが，この時期に医師はキャリアの節目を迎えることになる。アカデミックな研究，先進医療に従事することを希望する医師は，そのまま大学に残り，助教，講師，准教授，教授と大学医局でキャリア・アップを目指すことになる。また，大学医局スタッフとして医局長になれば，教授の補佐をし，関連病院への医師の派遣，若手医師の教育など，医局制度の管理職としての役割を担う。

開業すると，もちろん医局人事から外れることになるが，医局との関係が絶たれるというわけではない。新規開業する場合，これまで勤務してきた関連病院や大学病院の近くに開業する場合が多く，地域医療を進める上で，医局から医師が派遣されている近隣の関連病院との連携が欠かせない。開業後も，引き続き同門組織の一員として，ゆるやかな関係は維持されることになる。

医学博士号取得後は，多くの医師が，関連病院でのローテーションへ戻ることになる。その後，同じ関連病院内で順次，医長，診療科長へと昇進するキャリアを歩む医師が多い。入局後10～15年目あたりが，医師個人のキャリアとしても，また，医局人事システムにおいても，大きな転換点であると言える。

■ 医師としての熟達

認知心理学において，ある領域の専門的なトレーニングや実践的な経験を積み，特別な技能や知識を獲得した人を「熟達者」と呼ぶ。熟達者は特定分野の上位5%の人材とされ，(1)自分の領域においてのみ優れている，(2)経験や訓練に基づく「構造化された知識」をもつ，(3)問題を深く理解し，正確に素早く問題を解決する，(4)優れた自己モニタリングスキルをもつ，という特徴を備えている（松尾，2006）。このようなスキルを獲得し，熟達者にまで成長するには，最低10年間の修練が必要であることを，Ericsson（1996）は，チェスやテニス，音楽等の芸術やスポーツ分野での研究を通じて明らかにした（「熟達化10年ルール」）。

医師になって10～15年目あたりに迎える関連病院の医長や大学のスタッフ就任，開業は，いずれも自らの責任・判断で診療をおこなえるようになったという証左であり，医師として社会的にも「一人前」と認知された存在になったことを意味しており，他のプロフェッショナル同様，「熟達化10年ルール」にほぼ合致していると言える。

2.2.2 医師のキャリアにおいて医局制度が担ってきた役割

以上をまとめると，医局はこれまでは以下のような役割を有していた。

(1) 大学医局内において，国内外に通用する基礎研究，臨床研究を遂行し，高度先進医療をおこなうことができる研究者，スタッフを配置すること，また，次代を担う医療者を教育すること

(2) 地域医療を担う関連病院に医師を派遣すること

(3) 医局，同門に所属する医師，とくに若手に対し各人にあったキャリアパスを提示し，能力・スキルの向上，資格・専門医認定の取得，学位取得を可能にする人事，ジョブ・ローテーションをおこなうこと

医師のプロフェッショナルとしての能力，すなわち，臨床能力は，医学的知識の学習と臨床経験の蓄積によって形成される。特定の病院に長期に勤務

することになると，医師の臨床経験は限定され，習得する知識や技術は非常に偏ったものになる。若手医師が2～3年間隔で関連病院を異動するというローテーション制度は，医師個人にとっては，偏った技術にのみ熟達するという弊害を避けることができるだけでなく，Gouldner (1958) が示したとおり，プロフェッショナルとして専門的な自己充足に関心を向けるコスモポリタンとしての指向性に合致している。またこのことは，医局制度全体からみれば，医局員全員に対し臨床経験が均等に配分され，専門性の深さにおいて同質な医師が輩出されることになり，医局制度の機能維持にも役立つものであると言える。

医局の関連病院，ならびにそのポストは「ジッツ」と呼ばれ，かつては，どこの病院が，どこの大学の関連病院であるかは，ほとんど決まっていた。医局と関連病院の間には，臨床経験と労働力を交換する関係が成立しており，医局にとっては，診療水準の高い関連病院を数多く有することにより，医局員に多くの臨床経験を積ませることができた。一方，関連病院にとっては，人事権は医局に委ねなければならないが，安定的に医局から医師の供給を受けることができた。これまで医局制度は，その封建的な性格から『白い巨塔』[6]とも呼ばれ，しばしば批判の対象ともなっていた。しかしながら，医局は，大学における臨床講座という研究機能を有するだけでなく，地域の関連病院への医師の供給機能を有していることから，医師の教育，キャリア形成，研究，生活・経済保障など日本の医療を支える機能を担ってきたと言える。

2.2.3 新医師臨床研修制度が大学医局の機能に与えた影響

人口の高齢化，慢性疾患の増大，医学医療の進歩など医学を取り巻く現状に大きな変化が生じている中，医師には全人的に診る能力が重要であるという理念に立ち返るべきという声が上がり，2000年の医師法改正により，将

6　山崎豊子の長編小説。医局制度や医学界の腐敗を鋭く追及した社会派小説。映画化もされた。

来専門とする分野にかかわらず基本的な診療能力を身につけることができるよう臨床研修が必修化され，2004年度から新医師臨床研修制度が導入された。この新制度導入は，医局システムに大きな影響を与えた。新制度の最大の特徴は，マッチング制度の導入にある。マッチング制度とは，研修医が日本全国の研修指定病院を自由に選択して希望を出し，一方病院側は，希望者の中から採用したい研修医を採用するという方式であり，米国のレジデントの研修医採用システムをそのまま模倣したものである。この方式は，従来の閉じられた医局内，同門内での人事に対して，自由市場化を促進することとなり，若手医師の全国的な流動化を促進した。また，ネット社会の拡大は，研修医間の情報共有を進め，自由市場化を加速したと考えられる。自由市場化により，病院間の研修医獲得競争は激化し，研修医の立場に立った研修プログラムの見直しや魅力ある病院作りに，様々な努力がなされるようになった。このような研修プログラムの改善や導入前はほとんど無給に等しく劣悪であった，研修医の待遇改善に結び付いたことは，新医師臨床研修制度の好ましい結果であると言える。

しかしながら一方では，自由市場化が進めば必然的に勝ち組と負け組が生じることとなり，病院間，あるいは診療科間で，医師確保の格差が広がる結末となった。一部例外もあるが，多くの地方大学では，従来医学部を卒業後そのまま入局していた若い研修医が医局に入局せず，都会の大病院での研修を希望したため，地方大学医学部臨床講座の入局者が激減し，また臨床研修を終えた3年目以降の医師も期待されたほど大学に戻る結果にはならなかった。

新卒の入局医師が著減し，医局人事に頼ってきた，とくに地方の自治体病院への医師供給が滞ることとなった。医師数が減少した地域の病院では，残された勤務医の負担が増え，連鎖的にその病院を辞めるという悪循環が生じた。小松（2006）は，この一連の疲弊による地方病院勤務医の辞職を「立ち去り型サボタージュ」と呼び，徳俵で踏みとどまっていた医療崩壊を，現実の全国の連鎖的崩壊へと導いたとして，社会問題となった。医師の偏在化は，地域医療を担う病院にとって，死活問題であり，病院経営の責任者である院長の舵取りは重要なものとなっている。

また，産婦人科やコンビニ受診[7]で有名になった小児科を含め，勤務が過酷であり訴訟リスクの高い外科系診療科に入る若手医師が顕著に減少した。これは，入局する前に各診療科で研修するので，各診療科の実態が研修医に知られることになり，情報の非対称性が小さくなったことが影響しているとも考えられる。

2.3 病院

医療法では，病院は，「傷病者が，科学的でかつ適正な診療を受けることができる便宜を与えることを主たる目的として組織され，かつ，運営されるものでなければならない」と定められ，また病院とは「医師又は歯科医師が，公衆又は特定多数人のため医業又は歯科医業を行う場所であって，20人以上の患者を入院させるための施設を有するものをいう」と定義している。これに対し，病床数が19床以下のものを診療所と定義している（医療法第1条の5第1，2項）。2018年10月1日における全国の医療施設総数は17万9090施設であり，病院は8372施設，一般診療所は10万2105施設である。病院は設置されている病床の種類によって，一般病院，精神科病院，感染症病院，療養型病院，結核療養所に分けられる。また，病院の経営母体は様々である。医療法人が5764と最も多く全体の69％を占めている[8]。その他には国（国立大学法人，国立病院機構など），地方公共団体，公益法人，社会保険関係団体，社会福祉法人，個人などがある。

病院の類型は医療法において，地域医療支援病院，特定機能病院，その他の病院に区分される。病院のうち一定の機能を有する病院については地域医療支援病院，特定機能病院として，人員配置基準，構造設備基準，管理者の

7　外来診療をしていない休日や夜間に，緊急性のない軽症患者が病院の救急外来を自己都合で受診する行為。多くの病院勤務医の負担が過重となり，一部の地域では救急医療体制の崩壊につながり社会問題化した。

8　厚生労働省「平成30（2018）年医療施設（動態）調査・病院報告の概況」

表 2-1　病床の規模別にみた施設数

	施設数		対前年		構成割合（%）	
	平成 30 年（2018 年）	平成 29 年（2017 年）	増減数	増減率（%）	平成 30 年（2018 年）	平成 29 年（2017 年）
病院計	8372	8412	△ 40	△ 0.5	100.0	100.0
20 ～ 49 床	904	919	△ 15	△ 1.6	10.8	10.9
50 ～ 99	2073	2088	△ 15	△ 0.7	24.8	24.8
100 ～ 149	1436	1426	10	0.7	17.2	17.0
150 ～ 199	1377	1365	12	0.9	16.4	16.2
200 ～ 299	1093	1114	△ 21	△ 1.9	13.1	13.2
300 ～ 399	701	700	1	0.1	8.4	8.3
400 ～ 499	380	389	△ 9	△ 2.3	4.5	4.6
500 ～ 599	167	168	△ 1	△ 0.6	2.0	2.0
600 ～ 699	111	109	2	1.8	1.3	1.3
700 ～ 799	50	55	△ 5	△ 9.1	0.6	0.7
800 ～ 899	27	26	1	3.8	0.3	0.3
900 床以上	53	53	—	—	0.6	0.6
一般診療所（有床）計	6934	7202	△ 268	△ 3.7	100.0	100.0
1 ～ 9 床	1963	2058	△ 95	△ 4.6	28.3	28.6
10 ～ 19	4971	5144	△ 173	△ 3.4	71.7	71.4

出所：厚生労働省「平成 30 年（2018）医療施設（動態）調査・病院報告の概況」から引用

責務等において，その他の病院とは異なる要件を定めている。

一施設あたりの病床数規模としては 50 ～ 99 床の施設が 2073 と最も多く，全体の 24.8 %を占める（表 2-1）。一般に中規模病院とされる 100 床以上の病院数は 5395 と全体の 64.4 %を占める。

2.3.1　病院の歴史

西欧諸国においては，4 世紀にローマ帝国において社会から隔離・排除された病人や貧民などの救済を目的に病院はつくられた。また，中世封建時代には，病院は領主や富裕層，修道会により設立され，宗教の慈善活動の一環として運営されていた歴史をもつ。近世になると医学の進歩にともない，病院は教育，研究の場へと変貌を遂げた。西欧諸国における病院は公的な性格が強く，規模も比較的大きなものであった。

それに対して日本では，江戸時代まで一般的な病院という概念はなく，漢方医が自宅で療養している病人を往診する形が一般的であり，病人が漢方医のところに出向いたり，施設に収容されて治療を受けたりという形はみられなかった。八代将軍徳川吉宗の時代には救貧所として小石川療養所が設立されたが，西欧諸国におけるような病院の発展はみられなかった。明治維新以降，西洋医学が全面的に取り入れられた後に診療所がつくられ，その診療所が大きくなって個人経営の比較的小規模な病院が全国に設立されるようになった。そのため，病床数が病院と診療所を区別する基準になっているのが日本の医療組織の特色である。つまり言い換えれば，日本においては，ベッド数が20床の病院から1000床以上の病院まで，あらゆるタイプの病院が存在することになる。

欧米諸国では，一般に，診療所（クリニック）と病院（ホスピタル）は，病床数で区分されるのではなく，それぞれがもつ役割・機能により区別される。基本的に，患者の診察は診療所の医師がおこない，病院には外来機能はない。病院は，診療所の医師から紹介された患者が入院し，専門的治療や手術をおこなう医療施設である。これに対して，日本では，外来部門をもつ病院や，入院病床をもつ診療所（有床診療所）が存在する医療システムをもつ。歴史的に日本における病院の発達は，診療所にはじまり，小規模から大規模病院へと徐々に規模拡大をはかる個人経営の私立病院が地域の医療を主導し，公立病院はその不足部分や採算が取りにくい分野を補う役割を担うため設置されてきた経緯がある（木村，2013)。このように歴史的な発展，変遷の違いにより，日本と欧米の病院の経営システムには違いがあるため，米国と日本を比較し説明したい。

2.3.2　病院システムの比較：日本と米国

■ 米国の病院システム

米国において，患者を診療する医師は，病院と雇用関係を結ばずに独立した開業医として診療する。病院は彼らの診療上必要なときの利用施設である。病院は医師を雇って患者を集めるということはなく，外部の契約した医師に施設を利用させるオープンシステムという方式を採用し事業としている。医師は病院から独立しており，報酬も病院とは別に請求するシステムとなっている。病院は，主治医が診療しやすいように専門的な高度の診療施設を整備し，必要な医療要員を雇用して医療体制を整えておく。患者を入・退院させ診療の一切の責任をとるのは契約した医師である。病院管理者は診療に責任をもたずもっぱら病院経営に専念し，健全かつ効率的な経営のために，優れた医師と契約し，整備した施設の操業度を管理し，職員の業務管理や労務管理に努力して労働能率の維持向上に専念する。

■ 日本の病院システム

日本においては，病院医療をおこなうためには，まず，第１に，診療を担当する医師を雇用する。そして，診療が安全に高レベルにおこなわれるための条件として，看護師，薬剤師，検査技師など医療専門職を雇用し，医療体制を整える。診療の質は雇用する医師の資質だけでなく，施設設備の整備やコメディカルをふくめた医療要員の体制の充実により担保される。このような医療実体の管理は病院の責任である。人件費，設備投資により発生する経営費用は，医療の質量と密接不可分であり，医療のもつ倫理性や理想と，経営経済として許容可能な現実の調和が病院管理者の努力目標である。日本では，患者を集め病院経営を豊かにするのも医療であれば，医療実践次第では，経営をくつがえすのも医療である。分離して管理することは困難な状況にある。病院のトップ・マネジャーである院長が，医師である故に経営の責任から免れ，診療管理のみに専任すればよいということにはなりにくく，経営専門職を置くことはなじまない。現在，日本では医療法において「医療の非営利性」が求められており，原則として営利企業が医療機関を開設することはできない[9]。このように民間営利企業が自由に病院経営に参入できないという背景もあり，これまで日本の医療社会は非常に閉鎖的で保守的であると言われることが多かった[10]。このような狭い社会の中から人材を選択しな

9　例外的に，法律による医療の営利企業による規制がなされる前に設立された福利厚生を目的として病院を設立した一部企業と，特殊法人が管轄していた病院を引き継いだJR，NTT，日本郵政などが設立した病院が存在しているのみである。

ければならないことは，日本における医療組織の経営の難しさの一因であるかもしれない。

2.3.3 病院経営における人的資源の重要性

病院経営も企業経営と同様に，ヒト・モノ・カネ・情報といった経営資源の管理が基本になる。病院は典型的な労働集約型ビジネスであり，とりわけ重要な経営資源はヒト，すなわち人的資源であるとされる。病院経営で人材の管理が最も重要とされる理由は，第1に，医療機関は国家資格を有する医療従事者の数に応じて診療報酬が規定されているため，これらプロフェッショナルの確保が，直接，医療機関の収入に影響するからである。例えば，一定の難易度を有する手術の場合，各手術において施設基準が設けられている。その手術をおこなう常勤医師数，年間手術症例数が基準として設けられており，基準を満たさない医療機関では，その手術を施行することはできないこともある。手術症例数が多いほど手術成績がよいという考えに基づくもので，提供する医療品質を担保するための制度である。また，看護師の配置により入院料が詳細に決められている。看護師1人あたりの患者数が少ないほど，一日あたりの入院料が高くなる。そのため医師，看護師は売り手市場になることが多い。

また，第2の理由として，医療サービスの質は，医師による診断，治療などの医療技術だけでなく，看護師，薬剤師，栄養士，理学・作業療法士，臨床工学士，ソーシャルワーカーなど多くの他のプロフェッショナルとの連携により決まることが挙げられる。日本でチーム医療が注目されて久しい。また，チーム医療の広がりとともに，コメディカルという言葉から，医師や看護師を含むすべての医療従事者を総称する「メディカルスタッフ」という表現に変わりつつある。

10　しかしながら，医療における市場規模は非常に大きく，病院の周辺には様々な医療関連サービスが存在し，そこには多くの営利企業がかかわるという特殊な構造が存在している（木村，2013）

このように質の高い医療を提供するチーム医療を作り上げ，マネジメントするのがトップ・マネジャーである院長の役割である。優れた人材を確保するのは難しく，また，実践できる人材を育成するためには時間もかかることに留意し，長期的展望に立った計画性がトップ・マネジャーには求められる。さらに，次項でも述べるように，病院組織においては診療科と診療科，医師と看護師など，プロフェッショナル間には様々な壁があり，利害の対立もある。また，医療職と管理職（医師と執行部・事務職，看護師と事務職）との間にも壁が存在する。チームによる協働をすすめることにより，プロフェッショナルの相互理解を深め，ネットワークを構築することが医療の質の向上，維持に繋がる。このことは医療現場のみならず，社会全体のニーズでもあり，マネジメントする病院のトップ・マネジャーの役割は重要である。

2.3.4　病院の指揮命令系統

繰り返しになるが，病院は典型的な専門職組織であり，医師，看護師，薬剤師など多くのプロフェッショナルが従事している。そして組織の一員として病院に帰属しながらも，同時にプロフェッショナルとしての価値観を強くもち，組織内外のプロフェッショナル集団が形成する資格者組織にもその一員として帰属するという，二重帰属性という特徴を有する。

現在，日常診療はチーム医療でおこなわれているが，具体的な指揮命令系統においては，医師に権限が集中している。そのため病院では，院長を責任の権限の頂点とする医師—コメディカル（看護師，薬剤師など）の医療上のラインを形成する。一方で，それぞれの専門職は，診療科，看護部，薬剤部など職能集団に所属しており，各部門長をトップとする職能上のラインを形成する。医師の場合，診療科長—臨床医のラインを形成する。このような2つのラインにおいて，通常，日常診療においては医療上のラインが職能上のラインより優位となるが，診療科，各部門の中長期的な方針などでは，プロフェッショナルが独立し自律性を有するため，職能上のラインが医療上のラインよりも優位となる。

また，経営的な管理ラインとして，医師・看護師のラインに事務部門を中心としたスタッフ組織が加わる。したがって，病院は，(1)医師を中心とした日常の医療サービスを遂行する医療上のライン，(2)診療科など中長期的な昇格昇進とキャリア開発を担う職能上のライン，(3)経営管理ライン（院長―診療科長・看護部長―事務部門）の三重構造をもつマトリックス組織構造を有する（米本，2010）。

このような三重構造をもつ病院においては，プロフェッショナルは各プロフェッショナル集団への帰属意識が高いため，しばしばコンフリクトが生じる。また，病院は公共サービスの提供を第一義と考えるため非営利的規範意識が強く，そのため経営における効率が軽視されがちである。さらに，プロフェッショナルはときに専門職としての主体性，自律性を過度に主張することから，各集団，ライン間でコンフリクトが生じ，管理的業務に非協力的になり，とくに，医師と経営管理ライン間での対立がみられることが多い。

2.3.5 病院のトップである院長の選任

日本では，医療法第10条で病院の管理者は医師でならなければならないと定め，第15条で病院管理者の監督義務を規定している。また，管理者の遵守すべき事項や注意義務などは医療法施行細則で定められている。しかしながら，管理者として必要な能力や資質に関しては，医療法では言及されていないし，また，定義もなされていない。つまり，医師であれば，誰でも院長になることができると言える。実際には病院のトップ・マネジャーである院長は，就任の経緯によって，(1)病院の一般医から診療科長を経て院長に就任するケース（たたき上げ），(2)大学教授定年退官後の再就職先として医局関連病院の院長に就任するケース（天下り），(3)大学スタッフ（准教授，講師）を将来の院長候補として派遣するケース（医局スター），(4)個人開業もしくは親から世襲し院長に就任するケース（個人開業・世襲），(5)公募などにより，広く人材を求めるケース（公募），の大きく5つに分類される。それぞれの利点，欠点について述べたい。

■ (1)「たたき上げ」

「たたき上げ」は，診療科の一臨床医として赴任し，同一の病院で長年勤務を続け，臨床医としての実績を積み重ね，通常，診療科長として管理職を経た後に，院長に抜擢されるケースである。利点としては，院長候補者が，具体的に業務の中で，また長期にわたってトップに相応しい資質，熱意，考え方をもっているかどうかを判断することができる。また，院内においては，医師だけでなく，看護師，薬剤師など他のプロフェッショナルや事務職員との人間関係が構築されており，職員に与える不安，動揺は少ないと考えられる。また，長年の勤務で，院内の状況，病院の置かれた状況，ならびに地域との関係性が把握できており，業務を円滑に推進し，将来計画を策定する上で問題が少ないことが挙げられる。

一方，欠点としては，長年勤務しているが故に現在病院の置かれている状況を客観的にみることができず，病院に潜む問題点も見過ごされる可能性がある。また，リーダーとしてとる施策が安定感はあるかもしれないが，一方で新鮮さに欠け，マンネリズムに陥る危険性がある。

■ (2)「天下り」，(3)「医局スター」

「天下り」と「医局スター」による就任の経緯は，ともに大学・医局制度による人事に基づくものである。利点として，第1に，医師の人事に安定感，一定の医療技術の質を維持することが可能である。第2に，推薦・派遣された人物が優れた学問的，臨床的業績をもち，社会的評価があるケースが多いので，それによる病院への貢献が期待される。第3に，大学病院，関連病院の医療技術に応援を依頼し，研究，教育についても連携が可能であることが挙げられる。最後に，これが最も重要なことであるが，大学医局と良好な関係を維持することで，医師（とくに若手医師）の持続的な派遣が期待できることである。

一方，欠点としては，大学・医局の一方的な人事計画の中で，推薦，派遣された医師がトップとして，資質，熱意，考え方に問題がある場合もあること，また，管理能力，経営能力について派遣される前に判断することが難しく，トップ・マネジャーとして病院経営に関する問題を概念的に理解できても，実態として把握し経営者として行動できるかどうかは別問題であることなどが挙げられる。

■ (4)「個人開業・世襲」

「個人開業・世襲」の利点としては，院長個人にとっては，キャリアの早期から，経営者としての心構え，準備ができることが挙げられる。また，経営者のモチベーションの高さも利点の1つである。自ら開業した場合はもちろんのこと，親の後を継いだ院長には，受け継いだ病院事業を将来にわたり継続させたいという強いモチベーションが働き，このような経営者としてのモチベーションは，病院自体のパフォーマンスだけでなく，院内で働く職員のパフォーマンスにも大きな影響を与えると考えられる。さらに病院事業の持続性が重要であることから，トップ・マネジャーとしての任期も長く，長期的な視点に立った病院経営がおこないやすいことも大きな利点である。

一方，欠点としては，逆に，長年同じ病院で勤務しているが故に，現在病院の置かれている状況を客観的にみることができず，病院に潜む問題点を見過ごす危険性があること。また，血縁である後継者が，必ずしも医療的にも経営的においても能力のある医師とは限らないことなどが挙げられる。さらに他のファミリービジネスと同様に，経営者ファミリーの利益を優先させ，恣意的な経営がおこなわれるおそれがある。

■ (5)「公募」

「公募」は，赤字病院を立て直した実績のある病院経営のプロをヘッドハンティングするケースである。日本の保守的，閉鎖的な医学・医療社会では，歴史的にあまり多くはみられなかった就任の経緯である。現在の日本の医療や病院を取り巻く厳しい環境を考えるとき，閉鎖的，慣習的な病院経営を改革するためには，広く外へ視野を向け，トップ・マネジャーを選抜するケースが増える可能性はある。このようなケースは，話題にはなったが，上手くいかなかったケースも多い。このような公募での就任経緯はまだ実績が少なく，その功罪を現時点で評価することは難しい。

2.4 医師における 2 つのキャリアパス：専門職と管理職

医師を志す者はすべからく卓越した臨床医になるべく，患者診療を通じ，知識や技術の習得に励み，経験学習を繰り返すことにより成長を遂げる。さらに診療技術を磨くだけでなく，ヒポクラテスの誓いに代表されるように，倫理的思考や行動についても，キャリア早期から徹底的に刷り込まれ，プロフェッショナルとしての矜持の涵養に努めるのである。

一方で，医師はまた，自らが属する病院という組織内において，一臨床医から，管理職である診療科長，さらには，経営責任を負う病院長というトップ・マネジャーへと職階をあがるキャリア・パスを歩む。トップ・マネジャーである病院長になる経緯は前述したように様々ではあるが，一般的に卓越した医療技術，能力を獲得した医師が，診療科長，さらには病院長に選ばれ，図 2-3 に示すようなキャリアを歩むのである。

病院長は，医学と管理という 2 つの分野の境界領域で仕事をしなければならない。また，現在の病院経営，ひいてはヘルスケアシステムの問題の多く

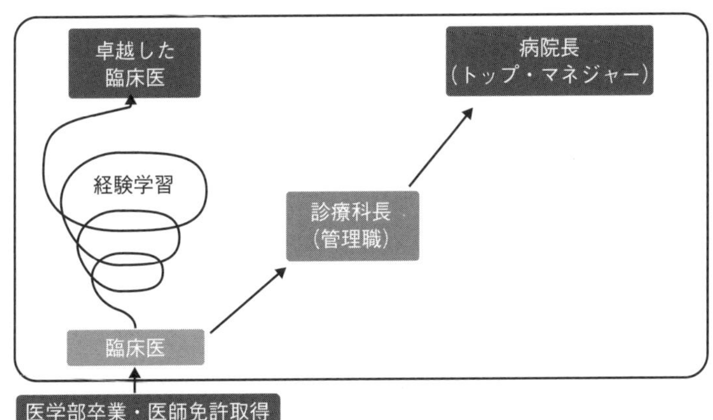

図 2-3　医師における 2 つのキャリアパス

は，この境界領域で起こっている。その一例が，医療の質と医療費とのトレードオフであり，また言い換えれば，患者のニーズに応える立場と，組織を守るための立場との価値の対立である。病院のトップ・マネジャーはこれらの問題に常に直面する。臨床医であれば，患者に最善を尽くすことに集中すればよい。しかしながら，トップ・マネジャーは組織だけでなく，すべてのステークホルダーの利益を考えなければならない。病院のトップ・マネジャーに必要なことは，日常の診療をマネジメントする役割だけでなく，組織の関心や問題を認識することである（米国医師エグゼクティブ学会，2007）。日常診療において経験学習を繰り返すことで獲得する臨床医としての能力とトップ・マネジャーであるリーダーの能力，もしくはマネジメントの能力は，必ずしも相反するものではないかもしれないが，異なったものである。通常，これらリーダーの能力，もしくはマネジメントの能力は医学部での教育や臨床医としてプロフェッショナル・アイデンティティを確立する過程で育つものではない。医学プロフェッショナルとは異なるリーダー・アイデンティティのもとで，経験し学習することにより獲得された能力でなければ，トップ・マネジャーとなり，マネジメントの領域で仕事をするとき役立たないのではなかろうか。トップ・マネジャーが専門職としての能力だけなく，どのようにしてリーダーとして成長し，マネジメントの能力を習得するのかが，本書の大きなテーマである。

次章では，リーダーの成長に関する先行研究についてレビューする。

第3章 リーダーの成長に関する先行研究

病院という医療組織において，トップ・マネジャーである院長がどのようなリーダーシップをとるかが病院の将来の方向性を規定し，ひいては病院の浮沈を左右する。ただしその成否は，院長個人だけに依存するものではなく，直面する課題に対して組織成員１人ひとりがどのように解決するかということにかかっている。よって，病院で働く職員の能力を結集させることがトップ・マネジャーである院長の役割であり，病院が直面する問題を解決し成功に導くためには，院長の有効なリーダーシップが不可欠である。

松尾（2013）は，リーダーシップを「何をどうすべきかについて他者が理解し，合意するように働きかけ，共有した目標を達成するように促すプロセス」（p.30）と広く定義し，マネジメントはリーダーシップに含まれるとしている。

一方，Kotter（1999）は，マネジメントとリーダーシップを明確に区別した上で，既存の組織やシステムを動かし複雑な状況にうまく対処するのがマネジメントであり，他方，変化に対応し効果ある変革を生み出すのがリーダーシップであるとした。つまり，リーダーシップとマネジメントは，相異なる補完しあう行動体系であるとする。

複雑さを増し，変化し続ける今日の医療環境においては，病院経営を担うトップ・マネジャーである院長には，リーダーシップとマネジメントの双方が求められる。よって，本書においては，上述の松尾（2013）に倣い，リーダーシップを広く定義し，マネジメントもリーダーシップの一形態として捉える立場をとるため，マネジメントとリーダーシップを厳密に区別はしないこととする[1]。

前章で述べたように，病院のトップ・マネジャーになる経緯は様々である。しかしながら，医学部を卒業し，医療技術を磨き，患者と接することにより様々な経験をし優秀なプロフェッショナルへと成長した医師が，病院の舵取りを任され，トップ・マネジャーに就任している点は共通している。では，病院のトップ・マネジャーは，いったいいつごろからリーダーとして振る舞い，いかにして周囲からもリーダーとして認められる人物となるのであろうか。

初期のリーダーに関する研究は，優れたリーダーが共通して備えている個人的資質や属性を明らかにしようとする特性論のアプローチをとるものが主流であった。しかしながら，有効なリーダーを特徴付ける共通の特性を発見することに焦点が合わされていたために，リーダーの特性と集団の有効性指標に一定の傾向をみいだせなかった。次いで現れたのが，行動アプローチである。これは，リーダーがどのような行動様式をとれば，優れたリーダーシップとみなされるかに焦点を当てた研究である。代表的なものとして，オハイオ研究，ミシガン研究が挙げられる。日本では，三隅によるPM行動論的アプローチ（三隅，1978）が広く知られる。これは，リーダーシップ行動が課題遂行（performance），集団維持（maintenance）の二次元で記述できることを明らかにしたものである。また，近年のリーダー行動的アプローチによる研究の中心は変革型リーダーシップ研究であるが，おこなわれている研究の範囲も広く，変革型リーダーの行動分析から集団・組織の有効性との関係まで詳細に分析されている。

リーダーは最初から周囲の人々がリーダーとして認める資質をもって登場するわけではない。リーダーがどのように成長するのか，リーダーの成長過

1　マネジャーという用語とリーダーという用語は，学説的にはKotter, J. P. も区別しているように異なった意味をもつが，本書では，各々の論者の表現を重視しつつ，適宜互換的に用いることとする。またマネジャーにもトップからミドルまでの階層があるが，本書では，病院の経営的責任者である院長をトップ・マネジャーと呼ぶことにする。

程に関する研究は，2つに大別される（Day, 2000；田中，2013）。1つは，リーダーシップ開発（leadership development）研究であり，もうひとつはリーダー発達（leader development）研究である。

リーダーシップ開発研究は，前述のリーダー行動的アプローチと関連して，変革型リーダーシップを対人的なスキルと捉え，リーダーシップは「生まれつきのもの」ではなく，経験し学習することで開発できるとする研究である。リーダーシップ開発研究では，組織におけるリーダーを育成するためにいかにリーダーシップを開発すればよいのかという実践的課題に即した研究が主流であり，研究蓄積も多く，2000年以降は米国のMcCall（1998）に代表されるCCL（Center for Creative Leadership）の枠組みに基づいた調査研究が，我が国でも導入され遂行されている。McCauley, Moxley, & Van Velsor（1998）は，リーダーシップ開発を「リーダーシップの役割とそのプロセスを効果的なものにするために個人の能力を伸ばすこと」であると定義し（邦訳p.4），また定義するにあたり，彼らは3つのスタンスを強調している。第1に「リーダーシップ開発を個人のもつ潜在的能力を開発するもの」と考えること，第2にリーダーシップの役割とそのプロセスにおいて「何が人の影響力を効果的なものにしているのか」を考えること，そして第3に「リーダーシップ能力は伸ばすことができるものであると確信していること」である。

リーダーの成長過程に関するもう1つの研究であるリーダー発達研究は，「リーダーらしくなっていく過程」を照射する研究である。リーダーシップ開発研究が「個人のもつ潜在的な対人関係能力の構築」であるとするのに対し，リーダー発達研究は，自己の気づきや特定の課題スキルなど人間的な資質の発達に焦点を当て，リーダーの成長過程のメカニズムの解明に主眼を置いたものとして比較される（Day, 2000；田中，2013）。

本書では，医師が医学部を卒業後，プロフェッショナルとしてのキャリアを歩み，病院のトップ・マネジャーとなる，そのリーダーとしての成長・発達について着目する。そのため，リーダーシップ開発研究，ならびにリーダー発達研究について，本章において順に先行研究レビューを行う。

3.1 経験学習に基づくリーダーシップ開発の研究

マネジャー，リーダーの育成，ならびにリーダーシップ開発研究については，ひとつにはOJTの積み重ね＝関連ある仕事経験としてのキャリアが育成に際して効果的とする考え方（小池，2005）とキャリアや経験の連続性よりは非連続な質的構造の変化に注目した修羅場経験が効果的とする考え方（McCall, 1998；谷口，2006），もうひとつには成長を促す経験と能力開発過程によってリーダーシップ開発が可能とする考え方（McCauley et al., 1994）がある。いずれもマネジャーやリーダーは育成できるものであり，仕事経験およびそこから学習しうる力やサポートが大切であると考えられている。

このように経験学習を中核概念とした人材育成研究は，特にマネジャーやリーダーシップ開発理論と共振しながら発展を遂げており，本節ではそのレビューをおこなう。

3.1.1 熟達化研究

マネジャーがキャリアの中でどのように経験を積み能力を獲得してきたかに関して小池（2005）は，個人が仕事の中で，比較的長い期間にわたり蓄積した知識や獲得する専門的な能力，「熟達化」に注目し，研究をおこなった。小池（2005）は，「問題と変化をこなすノウハウ」である「知的熟練」を，職場における最も重要な技能と捉え，その形成過程の解明をおこなった。様々な職場におけるインタビュー調査や資料収集に基づく分析の結果，知的熟練は働く人々の経験の幅と深さに由来し，それらはOJTによって習得されるものとした。例えば，自動車産業の製造現場で働く技能者のレベルをⅠからⅣまで4段階の技能レベルで捉え，職場の中で1つの職務しかできないレベルⅠに始まり，品質不具合が検出できるレベルⅡを経て，職場内のほとんどの職務をこなし品質不具合の原因究明ができる，一人前と言えるレベルⅢに到達するのに10年ほどの期間が必要とされている。さらに上級のレベルⅣは，問題の原因を究明し，また，モデルチェンジなど新たな事態に対応できる能力を発揮できるレベルである。このレベルに到達するには，1つの職場だけではなく，他の職場での経験も必要とされている。このように知的熟練による能力は，個人の経験の幅を広げ，深さを増すような連続的かつ段階的な学習により獲得されることを示した（小池，2005）。

Ericsson（1996）はチェスやテニス，音楽などの芸術やスポーツなどの研究を通じて，熟達者にまで成長するのに最低10年間の準備期間が必要とする「熟達化10年ルール」を明らかにしたが，松尾（2006）は自動車営業職，IT技術者，コンサルタントのような専門技能職など，ビジネスの領域においても「熟達化10年ルール」は適用可能であることを示した。また楠見（2014），松尾（2013）は管理職の熟達化研究を行っている。楠見（2014）は，管理職のホワイトカラーが経験から獲得する実践知に焦点を当てた研究をおこなった。そこでの個人の経験の質は，学習態度だけでなく，所属している職場や組織の特性によって大きく異なり，個人の熟達を促し，組織の能力を高めるには，組織は初心者に，最初の10年間で，質の高い経験への挑戦と省察の場を用意することが重要であると指摘している。また，松尾（2013）は，長期にわたる技能の獲得と蓄積という観点から仕事経験を捉え，そこではキャリアにおいて，連続的に，やや幅広い仕事経験を積むことが重要であると主張した。このような仕事経験を積み重ねることが，いつどのように対処すればいいのかという不確実性にも対応することが可能となるメタ認知の獲得に繋がると述べている。

制度上，一人前の医師として認められるのは，臨床研修指導医資格を有することではあるが，これを取得するためには医師免許取得後の臨床経験が7年以上の者で，かつ厚生労働省の定める要件を満たした指導医講習会を受講済であることが必要とされる[2]。また，民間の調査会社による医師1582名を対象とした調査[3]では，医師免許取得後，何年程度仕事をすれば「一人前」

2 「医師法第16条の2第1項に規定する臨床研修に関する省令の施行について（平成30年7月3日付医政発0703第2号）」https://www.mhlw.go.jp/stf/seisakunitsuite/bunya/0000081052_00004.html（2021年11月1日閲覧）。

と言えるかという問いに対し，全体の 52.9 %が「11 年から 15 年」と答えており，臨床医にもほぼ「熟達化 10 年ルール」が適用できると考えてよい。また，医師が，日常臨床の中で経験を重ね，熟達し，その中でもプロフェッショナルとして優れた臨床医が病院のトップ・マネジャーである院長に選抜されるのであれば，熟達化理論は，院長就任までの医師のキャリアに適用可能である。しかしながら，院長は，経営責任を有する管理者であり，専門職である臨床医とは職務の内容，役割において大きな相違が認められる。優れた臨床医としての業績をもつ院長が，必ずしも優れたリーダーであるとは限らない。

3.1.2　一皮むけた経験の研究

McCall (1998) は，経営学の観点から実務的に，経験による学習のプロセスに注目し，マネジャーがリーダーシップを習得していく過程について明らかにした。McCall (1998) は，マネジメントやリーダーシップは天賦の才能によるものが大きいという考え方を批判し，後天的に学習・開発可能なものであると主張した。彼らがおこなった調査のフレームワークは，成功した経営幹部からの豊富な回顧的なインタビューデータをもとにしている。経営幹部らに，キャリアにおいて重要な学習や発達があったかについて過去を振り返るように尋ね，量子的跳躍を遂げた経験 (quantum leap experience：仕事の上での飛躍的に成長した経験) の内容についての共通項を求めた。彼らは，成長を促す経験として 16 種類の経験を抽出し，4 つのカテゴリーに区分した。これらのカテゴリーと経験とは，(1)課題 (初期の仕事経験，最初の管理職経験，ゼロからのスタート，立て直し，プロジェクト・タスクフォース，視野の変化，ラインからスタッフへの異動)，(2)他の人とのつながり (ロールモデル，価値観)，(3)修羅場 (事業の失敗とミス，降格，昇進を逃

3　橋本佳子 (2018)「米国『卒後 5 年以内で一人前』，日本は『11 ～ 15 年』◆ Vol.7」『m3.com』(医師会員調査：調査時期 2017 年 8 月 21 日から 8 月 25 日) https://www.m3.com/news/iryoishin/574328 (2021 年 11 月 1 日閲覧)。

す，惨めな仕事，部下の業績の問題，既定路線からの逸脱，個人的なトラウマ)，⑷その他（コースワーク，個人的な問題）である。金井（2002a）も McCall（1998）らと同様に経営幹部の飛躍的成長を遂げる契機となった「一皮むける経験」に着目している。この研究で抽出された経験種別は McCall（1998）の研究と多くは共通しているが，それらの経験が個人におけるキャリアの節目での出来事であることが示されている。金井はキャリア・トランジション論の視点に立ち，一皮むけた経験は仕事上の気づきや学びを通じて，キャリア・サイクルの善循環を促すだけでなく，人間的魅力の形成・リーダーシップ開発へと導くものであると述べている（金井，2002a）。

今回の研究対象は，病院のトップ・マネジャーであり，医師というプロフェッショナルであることから，一般企業の経営幹部とはそのコンテクストが異なることは考えうる。

3.1.3　マネジャーの経験学習プロセスの研究

McCauley et al.（1994）は，仕事上の経験，とくに「発達的挑戦」と呼ばれるような経験を積み重ねることが，マネジャーの成長に重要であることを明らかにした。McCauley et al.（1994）は，独自の測定尺度である DCP（development challenge profile）を開発し，その尺度を用いて 692 名のマネジャーの経験学習を定量的に検討した。そこでは，仕事の転換（異動），変化の創出，高いレベルの責任，非権威的な関係性を，「発達的挑戦」を構成する次元として挙げている。具体的には，「仕事の転換」は例えば，ライン部門からスタッフ部門への異動など，不慣れな仕事への新たな取り組みなどを指している。新製品開発や新たなオペレーションの立ち上げなど，これまでの仕事の方向性とは異なる「変化を創出」する重要な仕事を，責任ある立場で担う経験が，マネジャーの学習を高めることを明らかにした。「高いレベルの責任」は，厳しい締め切りをもつ全社レベルの任務や，複数の地域にまたがるマネジメントなどを含んでいる。また，「非権威的な関係性」とは，境界を越えて働く経験であり，他部門や外部組織との関わりから得られる経験の重要性も指摘している。

また，最近の研究では，単なるイベントとしての経験ではなく，経験学習プロセスや，個人のコンテクストに焦点を当てた研究がおこなわれるようになってきた。松尾（2006）は，スペシャリストに対する研究として，IT 企業に勤務するプロジェクト・マネジャーとコンサルタントという専門性の異なる職種を対象に，発達段階に応じてどのような経験を積んだのか定性的に分析した。プロジェクト・マネジャーが徐々に難易度の高いタスクに従事する段階的な経験学習パターンをとるのに対し，コンサルタントは非段階的な経験学習パターンをとっており，このような経験学習の違いは，キャリア中期に認められた。熟達者の知識が領域固有であるというだけでなく，それぞれの領域によって経験学習プロセスにも領域固有性が存在することを新たに示した。

谷口（2006）は，個人は一様にどんな経験からも学べるというわけではなく，個人の学習が生じた背景となる企業や部門環境，個人の周辺を取り巻く役割，職務など「コンテクスト」の変化に応じて，適切な仕事経験を重ねることにより，企業のマネジャーの経験学習が促進されることを示した。

Schön（2008）は，医師をはじめとするプロフェッショナルの仕事を観察し，その特徴に内省があることを明らかにした。医学などの専門的知識は，急激な社会の変化とともに，急速に進展・変貌・複雑化している。そのような不安定で不確実な現場で働くプロフェッショナルは，働きながら，そして，経験を重ねながら刻一刻と移り変わる状況を振り返り，その状況下で自分は何をすべきかを瞬時に読み解いている。そのような仕事のあり方を，「行為の中の内省（reflection in action）」と名づけた。自身の行為を内省し，実践を通して知識を生成する「内省的実践者」という新しいプロフェッショナル像を提示した。

中原（2013）は，優秀なマネジャーがいかなる経験学習プロセスを有しているかについての研究をおこない，マネジャーの成長にとって，経験よりも，むしろ内省の習慣が影響を与える割合が高いことを明らかにした。また，他者からの内省支援や精神的支援を受けるマネジャーが高い業績を出しているとし，管理職育成における360°フィードバックやコーチングなどの有用性を示唆する結果を示した。

3.1.4 Kolbの経験学習理論

経験学習論の理論的系譜は，プラグマティズムを代表する思想家であるDewey (1938) に遡る。Deweyによれば，「真実の教育は経験から生まれる」とし，その著書『経験と教育』の中で，「経験の連続性」と「相互作用」という2つの経験の原理について記している。Deweyは「経験の連続性の原理というものは，以前の過ぎ去った経験から何らかのものを受け取り，その後にやってくる経験の質を何らかの方法で修正するもの」(Dewey, 1938 邦訳p.47) と述べ，経験には時間的連続性があり，現在の経験は過去と未来の経験に関連しているとする。言い換えれば，学習者は現在の経験から学んだことを過去の経験から学んだことに結びつけることにより，将来の意味をみいださねばならないということである。また，経験とは「個人と外部環境との連続した相互作用」であり，経験は「状況」のうちで絶えず再構成されているとし，連続性と相互作用の2つの原則は相互に結びつき，ともに働くことを示した。さらに経験と学習をつなぐ概念として反省的思考を提示し，行動し，反省的に思考し，積み重ねることによって学ぶことの重要性もあわせて主張している。

Kolb (1984) はDewey (1938) の経験学習理論を，実務家に利用可能な循環論に単純化し，仕事上の能力形成を経験学習という観点から捉える研究モデルを提示した。Kolbは経験学習を「具体的経験が変容した結果，知識が創出されるプロセス」であり，経験に基盤を置く連続的な変換プロセスであると定義した (Kolb, 1984)。さらに，Deweyの経験と学習に関する理論を，「活動―内省」，「経験―抽象」という二軸からなる論理空間に再構成し，学習には，(1)具体的経験，(2)内省的観察，(3)抽象的概念化，(4)能動的試みの4つの要素が必要であり，これら4つの要素が具体的経験を起点に循環するサイクルを仮定し，どのような知識を，どのような学習プロセスで獲得するのかを説明する学習サイクル論を提起した。また，具体的な経験からの学習によって導出された概念やアイデアは，固定的・普遍的なものではなく，さらなる経験によって再形成され，修正されるとしている。

Kolbの意味する学習とは継続性のあるものであり，また経験学習プロセスは具体的経験を起点とするサイクリックなものであり，そのサイクルが時間的に成長し，一生継続する生涯発達プロセスとしてモデル化したことに特色がある（山川，2004）。このモデルは，学習サイクル論を構成する理解の次元と変容の次元の2つの次元だけでなく，習得，個別化，統合化という3段階の発達の次元から構成されている。サイクルが三次元に沿って継続的に発展していく生涯発達に関する学習論は，これまでの経験学習理論にはないKolbの独自の特徴であると言える。しかしながら，Kolbの経験学習理論モデルには批判もあり，限界点も指摘されている。中原（2013）は，Kolbのモデルは，経験と学習に関する価値中立的な一般理論を志向するものであり，そこにビジネス志向・管理志向はあまりみいだせないと批判を加えている。また，限界点として，無意図な経験からの学びは，Kolbのモデルでは描出できないことが指摘されている（Jarvis, 2011；山川，2004）。この指摘は，非常に重要である。Kolbが想定している経験とは，内省のある経験である。言い換えれば，学習発展には，経験の内省が必須であり，内省のない経験は学習や成長をもたらさないことになる。

3.1.5　小括

CCLおよびそれに関わったメンバーは，リーダーシップは経験とそれに基づく学習によって身につくという立場をとっており，リーダーシップ開発とは，「リーダーシップの役割とそのプロセスを効果的なものにするために個人の能力を伸ばすことである」と定義している（McCauley, Moxley, & Van Velsor, 1998）。先行研究の大半は，リーダーシップ開発の要因である経験とそこから得られた教訓であり，さらに経験からの学習は，どうすれば促進されるかというプロセスについて焦点を当てたものであった。しかしながら，Kolbをはじめとする経験学習理論モデルでは，キャリア発達過程での価値観，アイデンティティの変容は考慮されていない。個人が同じ価値観，アイデンティティの下に，経験をサイクリックに繰り返すことにより，学習し，成長することを想定している。キャリアの中で，大きな価値観やアイデンティティの変容が生じた際，過去の経験が有効な経験となりうるのか，また，(1)具体的経験→(2)内省的観察→(3)抽象的概念化→(4)能動的試みというサイクルが，以前と同様に循環するのかについての考察はなされてはいない。

また同様に，経験学習理論に基づくリーダーシップ開発研究においても，中長期におけるリーダー発達過程での価値観やアイデンティティの変容が十分に考慮されているとは言い難い。キャリアの発達過程における価値観，アイデンティティの変容により，リーダーシップに影響を与える自身の経験の解釈も変化し，リーダーシップ機能も質的に変化するはずである。

次節では，リーダーシップの質的変化という視角で，リーダーの成長，リーダーの発達について先行研究をレビューする。

3.2 リーダー発達の研究

3.2.1 リーダー発達におけるアイデンティティの変容

リーダー発達研究は，自己の気づきや特定の課題スキルなど，人間的な資質の発達に焦点を当て，リーダーの成長過程のメカニズムの解明に主眼を置いたものであり（Day, 2000；田中，2013），アイデンティティの変容に焦点を当てた研究が中心になっている。

過去のアイデンティティ研究において，アイデンティティと自己概念という2つの用語の使用に多少の混乱が見受けられるため，整理しておきたい。アイデンティティとは，Erikson（1959）が青年期の発達的課題として挙げた概念であり，人が成長していく過程で「自分とは何か」といった問いを通しての心理的・社会的な危機を乗り越えるために用いられる概念である。アイデンティティという用語は多元的，多義的に用いられることが多く，社会心理学的には，「周囲との関係において，自分をこのようなものであると定義づけること」(遠藤，2005) の意味で用いられている。一方，自己概念とは「自分自身がいかなるものであるかについての認識」(遠藤，2005) であり，人は自己に対する主体的な認知的構造をもつ。この意味においては，アイデンティティは自己概念の一部と考えられるため，同義として用いられている文献も多い。本書では，各々の論者の表現を重視しつつ，適宜互換的に用いることとする。

Hill (1992) は，マネジャーになることは，実務者から管理の初心者への役割の移行であり，アイデンティティの転換をともなうとした。Brewer & Gardner (1996) は，アイデンティティのレベルを個人的水準（個人的アイデンティティ），関係的水準（関係的アイデンティティ），集合的水準（集合的アイデンティティ）の3つのレベルから捉え，そのレベルによって自己概念，自己評価の根拠，準拠枠，社会的動機に差が生じるとした。個人的アイデンティティとは，社会的環境の中で自己を他者から区分できる特性に焦点をおくものであり，関係的アイデンティティとは，ある個人とその重要な他者との関係に基づき定義される。また，集合的アイデンティティとは，個人にとって重要な集団や組織に対するメンバーシップの大きさに基づいて定義される (Sedikides & Brewer, 2015；田中，2014)。個人的アイデンティティをもつ人は，自分を他者から独立した存在とみなし，自己の利益追求が行動のモチベーションとなる。関係的アイデンティティをもつ人は，他者との関係や結びつきを重視するため，特定の他者のための利益追求が行動のモチベーションとなる。集合的アイデンティティをもつ人は，ある集団のメンバーであること，すなわち特定集団との関係に敏感に反応するため，集団の繁栄や成長が行動のモチベーションとなる。Lord & Hall (2005) は，このBrewer & Gardner (1996) によるアイデンティティの三水準モデル（個人的，関係的，集合的アイデンティティ）を援用し，リーダー・アイデンティティの発達過程を捉えた。すなわち，リーダーは自らのアイデンティティを個人的アイデンティティから関係的アイデンティティ，そして集合的アイデンティティへと発達させていくと仮定した。当初は「私が，……」という個人間の比較でしか捉えられなかったものが，このようにアイデンティティを確立していく中で，リーダーがもつ視点は変化し，最終的には「私たちが，……」という，より俯瞰的に組織をみるようになるのである（Day & Lance, 2004）。

田中（2014）は，リーダーの発達はリーダーとしてのアイデンティティがより分化され，ついで，それら分化したアイデンティティの要素が全体的なアイデンティティに統合されていくという順で進行し，そうしたリーダー発達の過程は現場でのリーダーシップの経験を通した学習の中でリーダー・アイデンティティの変化と形成が螺旋的な発達的軌道（developmental trajectories）を描いて進行するのではないかと仮定した（Day, Harrison, & Halpin, 2012）。

Avolio（2007）はリーダーの行動をリーダーのアイデンティティとの相互作用から検討することの重要性について指摘したが，アイデンティティの変容は，どのようにリーダーシップ行動に対し影響を与えているのであろうか。前述した，Brewer & Gardner（1996）の自己概念の３水準をもとに作成された測定尺度として，多水準自己概念尺度（the level of self-concept scale：LSCS）（Johnson, Selenta, & Lord, 2006）がある。これは，個人的水準，関係的水準，集合的水準という３つの下位尺度からなり，それぞれ５項目から構成されている。Johnson et al.（2012）は，リーダーのLSCSでの得点の違いがリーダーシップおよびリーダー行動へ影響し，リーダーのLSCSにおける関係的水準が高いときに配慮的リーダーシップがおこなわれやすく，集合的水準が高いときに変革型リーダーシップがおこなわれやすかったと報告している。リーダーシップの有効性は，リーダーがどれだけ自分の所属する集団や組織の構成員としての集合的アイデンティティを獲得できるかどうかが鍵となると言える（Van Knippenberg & Hogg, 2003）。リーダーが組織に対して適切なリーダーシップを発揮するためには，リーダー自身のアイデンティティを，個人的アイデンティティから関係的アイデンティティ，集合的アイデンティティへと拡大させ，それらを互いに葛藤させることなく共存させることが必要であると言える（田中，2014）。

3.2.2 リーダーの自己複雑性とリーダーシップ

前項で，リーダーは自己のアイデンティティの水準を，個人的水準，関係的水準，集合的水準と変容させながら，リーダーシップ機能を発達させるとする Lord & Hall（2005）の理論を紹介した。しかしながら，当然ではあるが個々人のアイデンティティはそう単純ではない。ある時間的平面において，個のアイデンティティを切り取ったと仮定する。果たしてアイデンティティは上記の3水準のいずれか1つに当てはめることができるのであろうか。個々のアイデンティティは homogeneous なものではなく，heterogeneous なものではないのかといった疑問も生じる。

辻（2004）は一貫したアイデンティティに統合するような自我構造を一元的自我構造，また，それに対して，アイデンティティを1つに統合せずにそれぞれの関係性や場面において複数のアイデンティティを並立させるモデルを多元的自我構造として，多元的アイデンティティという複数のアイデンティティをもつ新たなあり方を提示している（木谷・岡本，2018）。Erikson（1959）が，アイデンティティには自我の側面と自己の側面があるとし，多面的な自己が自我の力によって一貫した自己に統合され，一貫したアイデンティティが形成されるとしたのに対し，辻（2004）が述べた自我構造モデルは，自己を一貫したものに統合しないといった点で Erikson（1959）が述べた自我構造とは異なっている。

場面や関係性におけるアイデンティティや自己概念の多面性の程度に焦点を当てた研究に，自己複雑性の研究がある。Linville（1987）は，自己の構造の個人差を説明するための自己概念のモデルを構築し，自己複雑性とは，自己についての知識をまとめるために用いる側面（カテゴリー）の数とそれら側面間の関連の程度（自己側面の分化の程度）によって定義されるとした。すなわち，自己複雑性が高いほど，（認知されている）自己側面の数が多く，自己側面が互いに分化しているとみなされる。一方，自己複雑性が低いほど，自己側面の数が少なく，しかもそれらが互いに未分化な側面で構成されているとみなされる。このモデルでは，自己複雑性が高いほど，すなわち自己側面の数が多いことに加え複数の側面がより分化しているほど，否定的な出来事に付随して生じる抑うつが他の側面に波及することを抑制し，出来事の衝撃を和らげるとした。つまり，自己複雑性は，ストレスフルな出来事が自己全体にダメージを与えないようにするための緩衝システムであり，結果的に抑うつなどの精神的疾患を緩和する機能を果たす（Rafaeli-Mor & Steinberg, 2002）。

リーダーが成長し，職階が上がれば求められる役割[4]も多様化する。組織成員はそれぞれ職務役割に応じた役割アイデンティティをもち，役割アイデンティティは諸々の役割期待で構成される一般化されたネットワークである（Sluss, van Dick, & Thompson, 2011；田中，2013）。リーダーとしての役割アイデンティティは，職階が上がり，より上位のリーダーになるにつれ，接触する対象が増え，幅，深さとも大きくなり階層化する。関わりあうステークホルダーの数，種類が増え，関係性の程度が増すにつれて，リーダーは相手の立場により自分自身のあり方を変えることを求められる（福井・岡本，2017）。

田中（2014）は，リーダー自己複雑性とは，リーダーが自らを特徴づける役割（例えば，チームリーダー，メンター，代弁者）の豊富さ，さらに各々の役割（例えば，スキル，特性，属性）に含まれる自己概念の豊富さとして定義することができるとした。リーダー自己複雑性がリーダーの有効性にとって鍵になるとも述べている。Hannah, Woolfolk, & Lord（2009）はアメ

4　野村一夫（1998）『社会学感覚【増補版】』（pp.194-210，文化書房博文社）によれば，役割とは「ある社会的場面において，ある地位（status）を占めた行為者に対して集団や社会が準備し期待する行動様式（行動パターン）」のこと。

リカ陸軍将校を対象にした研究で，リーダー自身の戦闘経験の多さに加えて自己複雑性の指標が高いほど，戦場での適応的意思決定課題の成績が良くなることを指摘している。リーダーの自己複雑性の水準が大きいほど，リーダーは環境におけるインプットや刺激の様々な資源を仕分けができるようになると同時に，意思決定状況に対する適切な反応のために，認知的・感情的構造とこれらインプットや刺激を統合するリーダーの能力も促進される。すなわち，リーダー自己複雑性が高まるほど，リーダー適応可能性も高まり，リーダーがおこなう意思決定は状況に適合的かつ的確になるのである。

3.3 医師におけるリーダーシップ開発とリーダー発達

本章3.1節では，リーダーシップ開発研究についてレビューをおこなった。マネジャーのリーダーシップや能力は経験によって身につくという立場から，リーダーシップや能力獲得の要因となる経験や教訓に焦点をあわせた研究であり，また，その経験を通してどのように学習しているかについての

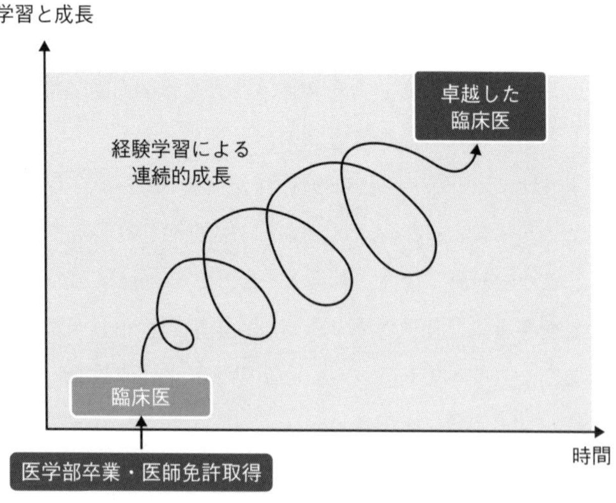

図 3-1　臨床医の経験学習と成長

研究であった。経験学習をテーマとした研究の中でも，ビジネス分野で最も引用されている理論が Kolb (1984) の経験学習理論である。Kolb の意味する学習とは，継続性のあるものであり，経験学習プロセスを，具体的経験を起点とするサイクルが時間とともに成長し，一生継続する生涯発達プロセスとしてモデル化したことに特色がある。Kolb の経験学習理論は，X 軸に時間軸を置き，Y 軸に学習による成長を示す平面上で，連続的かつ循環的に上昇する経験習熟カーブが描かれる。同質，ないし比較的類似した経験を積み重ね，省察，概念化，試行というサイクルを連続的に繰り返すことで学習し，同一方向に成長することを表すモデルである。

本研究の対象である医師において，プロフェッショナルとしての医師の成長は本モデルで説明可能である (図 3-1)。

一方で，医師は，自らが属する病院という組織内において，一臨床医から，管理職である診療科長，さらには，経営責任を負う病院長というトップ・マネジャーへと，仕事内容，また，求められる役割や責任の異なる職階をあがるキャリアパスを歩む。一般的に卓越した医療技術，能力を獲得した医師が，診療科長，さらには病院長に選ばれ，図 3-2 に示すようなキャリアを歩むのである。

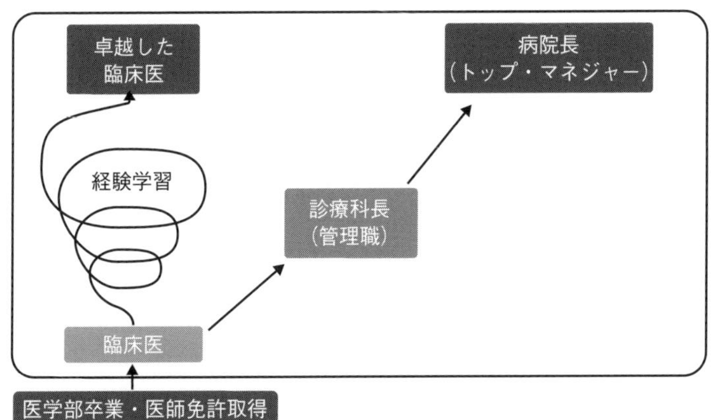

図 3-2　医師における 2 つのキャリアパス (図 2-3 再掲)

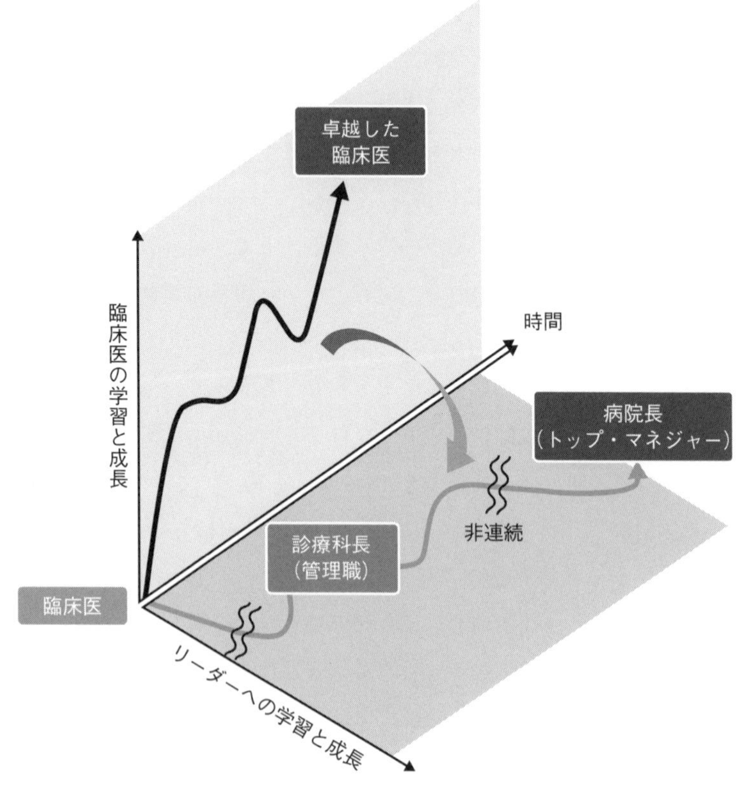

図 3-3　臨床医の成長と病院におけるリーダーの成長

優秀な人材（仕事のできる医師）であると多くの人から認められ，医療技術を磨き，能力を獲得し上々の実績を上げ続けていたにもかかわらず，管理職，あるいは経営者である院長になってからというもの，それまでの実績がウソのようにパッとしなくなることがある。そうしたとき，しばしば「あの人は手術だけをやっていれば良い医師であったのに，管理職になったばかりに」とか「あの人は院長の器ではなかった」といった言葉を聞く。このような事象がおこる理由は，臨床医が専門能力を獲得し卓越した臨床医へとなるまでに描く成長曲線と，臨床医→診療科長（管理職）→病院長（トップ・マネジャー）へと医師がリーダーに成長する曲線とが同一平面上では捉えられないからだと考えられる（図3-3）。つまり，臨床医としての経験学習，それにより獲得した能力が，管理職としての仕事や病院経営に対応できず，臨床医の学習と成長がトップ・マネジャーへの成長には結びつかないのである。それ故に，プロフェッショナルとしての能力を高め卓越した臨床医が，必ずしも院長として成功をおさめるとは限らないのである。また，実際の経験学習による成長は，連続的なものではなく，非連続性の経過（図3-3，2重波線で表現）をたどると考えられる。

職階が上がるにしたがって，リーダーは経験学習により知識，能力を獲得し，その機能を量的に発展させていくだけでは十分ではなく，むしろ職階が段階的に変わるごとにリーダーシップ機能を質的に変容させていく必要がある。すなわち，職階に応じてリーダーシップは質的に発達していく必要がある。Lord & Hall（2005）は，このBrewer & Gardner（1996）らによるアイデンティティの三水準モデル（個人，関係，集合）を援用し，リーダー・アイデンティティの発達過程を捉え，リーダーは自らのアイデンティティを個人的アイデンティティから関係的アイデンティティ，集合的アイデンティティへと発達させていくと仮定した。このアイデンティティの変容に伴い，リーダーシップ機能の質的変容が生じているのである（田中，2013，2014）。

それでは，臨床医，診療科長，病院長の間には，それぞれがもつアイデンティティに違いがあるのであろうか。リーダーの発達過程において，アイデンティティの変容が起こっているのであれば，アイデンティティはどのように変容し，リーダーシップ機能に変化が生じたのであろうか。次節では，リーダー発達研究とリーダーシップ開発研究との接続可能性に関する研究についてのレビューをおこなう。

3.4 リーダー発達研究とリーダーシップ開発研究との接続可能性

アイデンティティの変容など，リーダーの成長過程のメカニズムや機序など心理的側面に焦点を当てたリーダーの発達研究と，経験学習理論に基づいたリーダーシップ開発研究は，別個に論じられることが多かった。本書では，これらリーダーの発達研究とリーダーシップ開発研究を接続する研究として，Mezirow (1991) の変容的学習理論とアンラーニング理論の可能性について議論したい。

「意識や考え方が変われば，行動が変わる」という言葉は，もはや言い古された格言ではある。人は誰しも過去の経験学習の中で形成した準拠枠（もののの見方，価値観，アイデンティティ）とよばれるフレームワークを通して思考し，行動する。この準拠枠が強固になればなるほど，その枠内でしかものごとをみることができず，行動も制限される。ここまでにおいて，リーダーはアイデンティティを変容させ，リーダシップ機能を高め発達すると紹介した。では，リーダーはどのようにしてアイデンティティを変えて発達変容するのであろうか。

3.4.1　変容的学習理論

Mezirow (1991) は，自らの経験をどのように解釈するのか，また，どのように意味を明らかにするのかについて注目し，学習とは，「経験を解釈し，その経験に意味付けを行うこと」(邦訳 p.16) と定義し，学習を特別な行動とは捉えずに，日常的な行為であるとした。我々は，経験を解釈し，意味づけをおこなう際に習慣的に準拠する前提や価値を構成する枠組み（準拠枠，判断基準），すなわち意味パースペクティブ (meaning of perspective) を通して意味を作る。もしも自らの意味のパースペクティブが，経験について調節できず，意味を作ることができない場合は，批判的な省察を通して，自らの意味パースペクティブを変えることができる。このことを Mezirow (1991) は変容的学習とよぶ。

では，どのようなときに意識変容，変容的学習が起こるのであろうか。Mezirow (1991) は，自分のもつ意味パースペクティブと照らし合わせたとき，これまでの問題解決方法を応用するだけでは解決できない経験や局面のことを混乱的ジレンマと呼ぶ。例えば配偶者の死，離婚，転職，役職の異動

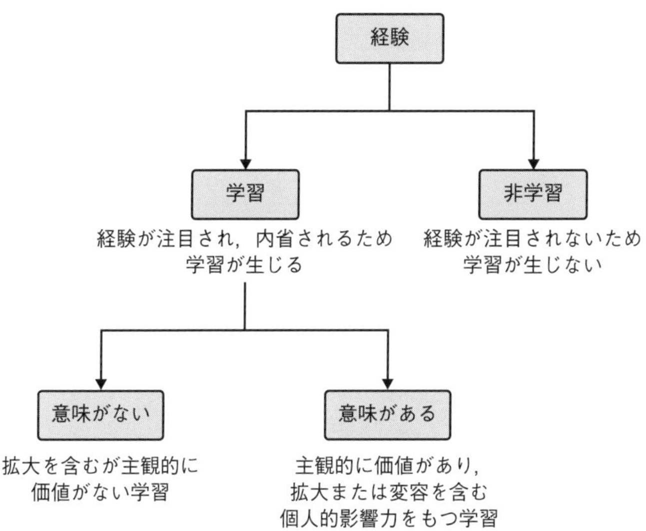

図 3-4　経験が意味のあるものになるプロセスと要素

出所：Merriam & Clark（1993），赤尾（2004）より筆者作成

など，永らく確立されてきた生活様式から引き離され，アイデンティティや生き方に強烈な疑問を抱かせる局面である。混乱的ジレンマの状況では，既存の意味パースペクティブがその人の判断基準として機能しなくなることから，自ら生きる方向性をみいだすために，意味パースペクティブの再構築が求められる。新たな意味パースペクティブを追求し，新たな行動や感情といった意味スキームを再び作り出せるようになるまでの過程が，Mezirow (1991) が提唱する変容的学習に他ならない。ライフイベントや移行期における心理的危機は，人生の重要な学習のニーズと機会をもたらすと言える (常葉 - 布施，2004)。

Merriam & Clark (1993) は，人生における人との出会いや遭遇した経験が自分にとってどのような意味をもつのか，それによって自らの認識の枠組みがどのように変容するのかについて明らかにしようとした。学習が生起するためには，ただ経験するだけではなく，その経験が注目され，内省されなければならない。さらに，その学習が意味のあるものになるためには，主観

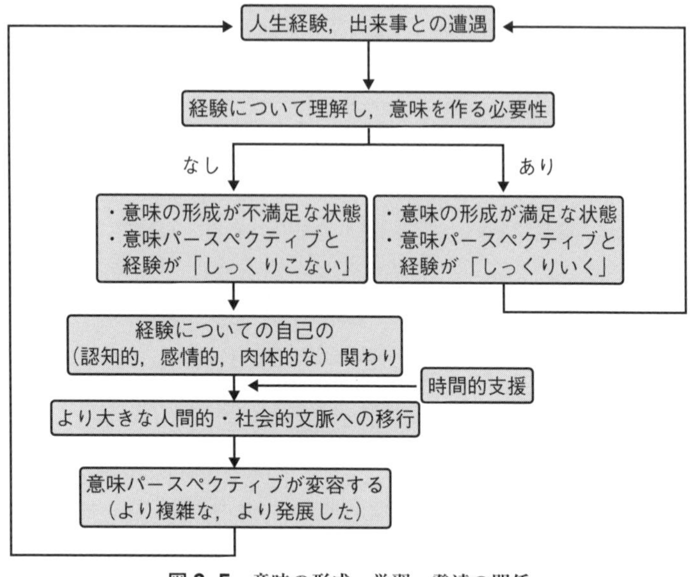

図 3-5　意味の形成，学習，発達の関係

出所：Merriam & Heuer（1996），赤尾（2004）より筆者作成

的に意味づけられ，影響力を与えられなければならないとした（図 3-4）。これは，ライフコースとは「意味を作る過程としての発達」であるとする彼女らの考え方を示すものであり，過去の出会いや出来事を，今の自分から解釈し直す，すなわち経験を再構成することを通じて，自らの成長に役立たせようとする志向性がある（赤尾，2004）。

Merriam & Heuer (1996) は，経験について理解し，意味を作ることの重要性を述べている。自分自身が経験したことから，現在の自らの準拠枠を通して意味を作る。自分自身の意味パースペクティブでは経験について意味が作れず，経験がしっくりこない場合，認知的な省察を通じて意味パースペクティブを変容させ（変容的学習），感情的にも肉体的にもその経験に関わることができるのであれば，より大きな人間的，社会的文脈へ移行することが可能となり，成長し発達することができるとするモデルを作成している（図 3-5）。

リーダーの発達過程において，Mezirow (1991) の変容的学習理論を適用すれば，これまでの自らの意味パースペクティブでは捉えることができない経験や出来事との遭遇により意識変容が生じ，アイデンティティを変容させ，変容的学習より再構築された新たな意味パースペクティブが経験を意味のあるものに変え，リーダのもつリーダーシップ機能も変化し，新しい局面にも対応できるようになると考えられる。このような意味において Mezirow (1991) の変容的学習理論は，経験学習に基づくリーダーシップ開発研究と，リーダーはアイデンティティを変容させ，リーダシップ機能を高め発達するとするリーダー発達研究とを接続する，理論的研究であると言える。

3.4.2 アンラーニング

前節より「変わる」ということ，「変容する」ということに注目している。心理学者の Lewin (1947) は，変容，変革には「解凍」→「移行」→「再凍結」という 3 つのプロセスが必要であるとするモデルを提唱した。第 1 段階の「解凍」では，惰性を打ち破って既存の思考形式を分解することを伴う。第 2 段階の「移行」では変革が生じ，混乱と転換を伴う。第 3 段階「再凍結」は新たな方法や価値観を構築する段階である。本モデルは組織変革のモデルとして援用されることが多い。

また，金井 (2002b) は，個人が変わらなければ組織は変わらないという視点から，個人の人生やキャリアにおける転機や節目を「トランジション」と捉えた Bridges, W. のトランジション・モデルに着目した。彼は人生，キャリアの節目における転機，変化を「トランジション」として捉え，「終焉 (何かが終わる時期)」→「中立圏 (混乱や苦悩の時期)」→「開始 (新しい始まりの時期)」の 3 段階で説明している (Bridges, 1980)。金井 (2002b) は，組織変革にこれら理論を援用し「古い生活を捨て去るのは難しい。新しい生活をはじめようとすれば，まず古い生活をきちんと終わらせる必要がある」との喩えを用いて，個人のトランジションにおいても，また，組織変革においても，既存の知識，価値観，認知構造，組織ルーティンを一度棄却し

「終わらせる」という，最初の段階である「終焉」，「解凍」の重要性を説いた。

組織論，組織学習論において「既存の知識，価値観，認知構造，組織ルーティンを一度棄却する」活動はアンラーニングとして近年注目されている。アンラーニングが注目される背景には，グローバル化が進み，技術の進歩が目覚ましいこの時代，社会システムや価値観も絶えず変化しているという状況がある。このような状況下では，これまでの経験に基づき，「形式化した仕事，能力を習得する」という意味での「学習」だけでは十分ではなく，これまで獲得した能力も通用しない新たな状況に遭遇することがあるからである。社会全体が変化の多い時代だからこそ，「学びほぐし」を経て柔軟に対応することができる人材が求められているからとも言える。

元々，アンラーニングは組織レベルの概念として提示されたが，個人レベルにおいても適用可能として研究が進んでいる（Akgün et al., 2007；Tsang & Zahra, 2008；松尾，2014）。組織の階層が上昇すると，マネジャーは既存の知識・スキルの一部を棄却し，新しい役割において必要となる知識・スキルを獲得しなければならない（Freedman, 2011）が，このようなキャリアの縦の移動に応じて，どのような要件や学習が求められるのであろうか。Charan, Drotter, & Noel（2010）は，役職によって求められる要件が異なることを前提にした「リーダーシップ・パイプライン・モデルを提示している。このパイプラインには，一般社員→係長→課長→部長→事業部長→事業統括部長→経営責任者へと段階を経てリーダーへと成長する過程で通過する，6つの転換点とそれらで直面する3つの要件が含まれている。3つの要件とは，新しい責務を全うするための能力（スキル），どのように働くかを決める時間枠（業務配分），ならびに，何をすべきかという職務意識である。これら3つの要件を，各転換点において確認し，前職位での知識・スキル，やり方，意識を捨て，新職位で求められる要件を満たすようにすべきだとするのがこのモデルでの主張である。

松尾（2014）は部長から事業統括役員への昇進に伴い，マネジャーが何をアンラーニングしたか，つまり，どのように知識・スキルを変更したかについて検討している。インタビュー・データを分析し，「経営判断」，「権限委譲と動機づけ」，「情報収集」に関してアンラーニングがおこなわれ，事業統括役員は，新たな知識・スキル・考え方を身につけていたとしている。しかしながら，個人レベルのアンラーニングに関する実証研究の集積はまだまだ少なく，理論化についても進んでいるとは言えず，解明されていない点も多い。

前述したようにLewin（1947）の変革モデルにおいては，「きっちり終わらせること」，すなわち完全な「解凍」により次の段階に進むことができるということが前提となっている。完全な解凍，すなわち完全なアンラーニングである。逆に不完全なアンラーニングであれば，既存のものを十分に棄却することができないまま，不要になった知識や価値観にこだわり続け，新たな知識，価値観の形成が阻害され，変容することができないということになる。しかしながら，現実的に完全なアンラーニングは可能なのであろうか。たらいをひっくり返して溜まった水を捨てるがごとく，これまで経験学習を繰り返すことにより獲得した知識や価値観を完全に捨て去ることが果たして可能なのかは疑問である。

教育心理学領域においては，アンラーニングは「学びほぐし」と訳され，使用されている。佐伯（2012）によれば，「学びほぐし」とは，学びの主体が「これまでの『まなび』を通して身に付けてしまっている『型』としての『まなびの身体技法』を改めて問い直し，『解体』して，組み替えること」とされる。つまり「アンラーニング」＝「学びほぐし」とは，これまでの経験の意味を改めて問い直し，再解釈する行為であると言える。まず，今までの価値観を棄却することにより，新たな価値観を得ることになる。そしてその新しい価値観はこれまでの経験に対する向き合い方を変え，別の視点からのアプローチ，行動を可能にするのである。リーダー自身これまで培った経験，知識を一旦棄却，アンラーニングし，これまでの経験を再解釈することにより，新たなリーダー行動がとれるようになると考えられる。

3.4.3　自分らしさの罠（Authenticity Paradox）

最近，VUCA という言葉がよく用いられる。これは，Volatility（変動性），Uncertainity（不確実性），Complexity（複雑性），Ambiguity（曖昧性）という 4 つのキーワードの頭文字からとった略語であり，激変する今日の経済環境や個人のキャリアを取り巻く環境を表現するキーワードである。医療組織，病院を取り巻く環境もまさに VUCA の時代であり，このような環境における病院のトップ・マネジャーのリーダーシップはいかにあるべきか，問われている。

リーダー自身が多種多様のリーダーシップ理論にアクセスが可能となっている現在，最終的にはリーダー自身の「根源」を大切にしつつ，「自分らしさ」を追求することが重要だとするオーセンティック・リーダーシップが注目されている。オーセンティック（authentic）とは「本物の」，「真正の」，という意味をもち，ギリシア語の「根源」を意味する言葉である。オーセンティック・リーダーシップとは「自分がどういう人間であるか」，「自分が大切にしている価値観は何か」，「自分自身に正直な」という考えに根差したリーダーシップと定義される（George et al., 2007）。時代によって様々なリーダーシップのあり方が議論されてきた中で，「自分らしさを貫く」オーセンティック・リーダーシップが新たなリーダーシップとして注目されている。

これまで本章では，一貫して人が「変わる」ことについて考えてきた。しかし人間，誰しもそう簡単には変わることはできない。リーダー自身も変わることができないのは，変わることの必要性は理解しているにもかかわらず，また，変わることを望みながらも，無意識に変わることを拒んでいる可能性がある。医師はキャリア早期から，患者診療を通じて，徹底的に医師のプロフェッショナリズム[5]が自らの価値観の中に刷り込まれる。医学知識や

5　医師のプロフェッショナリズムを「医師としての基本的な価値観」と定義した上で，「社会的使命と公衆衛生への寄与」，「利他的な態度」，「人間性の尊重」，「自らを高める姿勢」という 4 項目が，臨床研修医の到達目標に盛り込まれている（図 2-1 参照）。

技術の習得だけでなく，これらプロフェッショナルとしての矜持の涵養は，医師のアイデンティティの確立において重要であり，卓越した臨床医ほど，プロフェッショナリズムを基にした価値観，アイデンティティが，強固なものとなっている。一臨床医であれば，医師としての倫理観やプロフェッショナリズムに則り，採算を度外視しても眼前の患者を救うことに注力できた。むしろ採算や効率性を考えることは，倫理観，プロフェッショナリズムに悖ることと忌み嫌う医師も多い。

しかしながら，病院のトップ・マネジャーになり，病院経営という責任を担う立場になれば，しばしば医療効率性を追求せざるを得ない状況に遭遇する。オーセンティック・リーダーシップを追求し，自分らしさにこだわればこだわるほど，過去の経験，慣れ親しんだ価値観，プロフェッショナリズムに囚われすぎて身動きができなくなる病院のトップ・マネジャーは数多く存在する。Ibarra (2015) はこのような状態を authenticity paradox（自分らしさの罠）と呼んでいる。優秀な医師であればあるほど，トップ・マネジャーになれば，この authenticity paradox に陥りやすい。しかしながら，authenticity paradox に陥ることなく，リーダーシップを発揮している病院のトップ・マネジャーは存在する。Ibarra (2015) は，なぜリーダーが authenticity paradox に陥るのか，もしくは陥らないのか，さらに，陥らないためには何をすべきか確実な方法を示したわけではなく，リーダー・アイデンティティは，より重要で高い職務に移行するたびに変更可能であり，変更すべきであると述べているに過ぎない。

3.5 先行研究の課題

これまでリーダーの成長過程のメカニズムや機序などの心理的側面に焦点を当てたリーダー発達研究と経験学習理論に基づいたリーダーシップ開発研究は別個に論じられることが多かった。本章 3.4 節以降，これらリーダー発達研究とリーダーシップ開発研究を接続する研究として，Mezirow (1991)

の変容的学習理論とアンラーニング理論の可能性について述べてきた。とくに，Mezirow (1991) の変容的学習理論に注目した理由は，リーダーがキャリアの節目において心理的危機に直面した後，リーダー自身が何を学び，いかに行動するかということについて考えるとき，本理論を適用することが可能であると考えたからである。キャリアの節目において心理的危機の状況を克服するために，リーダーがその経験を批判的に振り返り，意味づけや前提となっている意味パースペクティブを見直し，アイデンティティを変容させることに注目する。Mezirow はパースペクティブの変容のプロセスは「成人の発達の中核的プロセスである」(Mezirow, 1991, p. 155) と明言している。さらにリーダーとして発達したいという思いや成長への欲求が変容的学習の原動力となる。臨床医からトップ・マネジャーに変わるキャリアの節目において，これまでの認識が変わるような経験をした医師に対し，意識変容の学習は，たとえ辛い経験であっても，また，これまで注目してこなかった経験でさえ，意味のある経験に変える。経験をどう意味づけ，再解釈するのか，そして，そうすることにより，何を学び，いかに行動するかがリーダーにとって重要なのである。

しかしながら，すべてのリーダーがスムースにアイデンティティを変容できるわけではない。元のアイデンティティが強ければ強いほど，アイデンティティを変容させることは難しいであろうし，また，キャリアの節目における心理的危機が強いほど，すなわち，経験学習の非連続性の「溝」が大きいほど，これまでのアイデンティティに囚われ，変容させることは難しいために authenticity paradox (自分らしさの罠) に陥りやすいと考えられる。なぜ，アイデンティティを変容させ変革型リーダーになる医師もいれば，変容できずに authenticity paradox に陥るリーダーもいるのか。この疑問に，Mezirow をはじめ先行研究は，完全な解を示してはくれていない。

「病院におけるリーダーがどのように変革型リーダーになるのか，そのプロセス，ならびに発達メカニズムはどのようなものなのか」という本書のリサーチクエスチョンを解くことでこの点にこたえていきたい。

第4章 研究の対象と方法

4.1 病院におけるマネジメント

病院の経営は特殊であるとよく言われる。米国の社会学者であるEtzioni, A.は組織類型論を展開し，病院組織を規範的組織として位置づける。規範的組織とは，規範的価値観念を拠り所として組織成員を従わせ（規範的権力），また成員もそれによって組織に従う（道徳的服従）種類の組織である（Etzioni, 1961）。規範的組織は，企業などの功利的組織とは異なり，経済的利潤の獲得を主な目的としているわけではない。したがって，病院は公共サービスの提供を第一義と考えるため非営利的規範意識が強く，そのため経営における効率が軽視されがちである。しかしながら，我が国においては，国民医療費が年々増大し，1990年には医療費は20兆円を超える規模となったことは前述の通りである。それ以降，日本の医療政策は医療費増大を抑える供給抑制型へと転換したことで，各医療機関は採算性，医療効率を意識した経営をせざるを得なくなった。

病院の経営は企業の経営と同様に，ヒト・モノ・カネ・情報といった経営資源の管理が基本にある。病院の組織は，規模により異なるが，基本的には，診療部門（医局），看護部門，医療技術部門（検査科，薬剤科，放射線部，栄養部，リハビリテーション部など），事務部門の4つに分類される。診療部門は医師が，看護部門は看護師が，医療技術部門は薬剤師，放射線技師が，事務部門は事務職が各部門の管理者を務める。院長は，これら4部門すべてのトップに立つが，日本の病院の管理責任者である院長は医師であることが医療法で定められている。事務部門以外の診療関連部門は，医師，看護師，薬剤師などプロフェッショナル，専門職集団から構成されている。それぞれが教育，研修制度，学会などを異にする国家資格を有するプロフェッショナルであり，自律性も高い。日常診療においては，チーム医療をおこなうが，一般企業のように部門間での人的移動はみられない。そのため，セクショナリズムも生み出しやすい（坂梨・安川・戸梶，2004）。

現在，日常診療はチーム医療でおこなわれているが，具体的な指揮命令系統においては，医師に権限が集中し，医師はリーダーとしての役割を担っている。そのため病院では，院長を責任の権限の頂点とする医師―コメディカル（看護師，薬剤師など）の医療上のラインを形成する。一方で，それぞれの専門職は，診療部門，看護部門，薬剤部など職能集団に所属しており，各部門長をトップとする職能上のラインを形成する。医師の場合，診療科長―臨床医のラインを形成する。この２つのラインにおいて，通常，日常診療においては医療上のラインが職能上のラインより優位となるが，診療科，各部門の中長期的な方針などでは，プロフェッショナルが独立し自律性を有するため，職能上のラインが医療上のラインよりも優位となる。

また，経営的な管理ラインとして，医師・看護師のラインに事務部門を中心としたスタッフ組織が加わる。したがって，病院は，⑴医師を中心とした日常の医療サービスを遂行する医療上のライン，⑵中長期的な昇格昇進とキャリア開発を担う職能上のライン，⑶経営管理ライン（院長―診療科長・看護部長―事務部門）の三重構造をもつマトリックス組織構造を有する（米本，2010）。

このような三重構造をもつ病院においては，プロフェッショナルは各プロフェッショナル集団への帰属意識が高いため，しばしばコンフリクトが生じる。さらに，プロフェッショナルは専門職としての主体性，自律性をときに過度に主張することにより，各集団，ライン間でコンフリクトが生じ，管理的業務に非協力的になり，とくに，医師と経営管理ライン間での対立がみられることが多い。伝統的に病院には専門的権限と管理的権限の調整という二重権限の問題がある。すなわち自律性を求める専門職の論理と，組織としての統合と効率性を志向する管理の論理との葛藤が生じる。さらに，病院には専門職，管理者以外にも，患者，行政，地域コミュニティ，医師会など，多様なステークホルダーが曖昧なパワーバランスの中で活動していることに加え（Denis, Lamothe, & Langley, 2001；松尾，2009），経済的な価値と非経済的な価値との間に緊張関係が生じやすいという経営上の特殊性が存在する。

4.2 リサーチクエスチョンと調査課題

前章で示したように，医師はキャリアにおいて，リーダーとして次の2つのトラックのキャリアを歩む（図3-2）。1つは，医療サービスを遂行するプロフェッショナルとして卓越した能力をもつ医師へと成長するために経験学習を繰り返し，プロフェッショナル・アイデンティティを確立するトラック（臨床医→卓越した臨床医）である。もう1つは，病院におけるリーダーとして中長期的な昇格・昇進とキャリア開発を経て，リーダー・アイデンティティを確立するトラック（臨床医→診療科長）である。また，その中でもさらにトップ・マネジャーに選ばれた医師は，経営管理ラインのキャリア（診療科長→病院長）を歩むことになる。

第1章で，本研究のリサーチクエスチョンとして，「病院におけるリーダーがどのように変革型リーダーになるのか，そのプロセス，ならびに発達メカニズムはどのようなものなのか」を提示した。その解明をすすめるに当たり，まずは前提として，調査課題1「病院における変革型リーダーとはどのような人であり，また，どのような役割を担い仕事をしているのか」を明らかにするために，臨床医→診療科長→病院長と歩んできたキャリアにおいてどのような仕事をしてきたかについて，次節以降に述べる方法により調査した。またこれを踏まえて，調査課題2「何が変革型リーダーのアイデンティティを変容させたのか」，調査課題3「変革型リーダーとよばれる病院のトップ・マネジャーは，なぜスムースにアイデンティティを変容できたのか」を深掘りする。

4.3 調査対象

4.3.1 リサーチサイト

本研究では，病院のなかでも7314施設と全体の9割近くを占める一般病院を対象とする。また，現在の厳しい医療環境の中，地域医療を支え，また，多数のプロフェッショナル集団，多職種を擁するという観点から，100床以上の一般病院のトップ・マネジャーである院長もしくは理事長を対象者とした。

4.3.2 院長就任の経緯による分類

第2章で述べたように，院長に就任する経緯は以下の5タイプに分類される。

⑴ たたき上げ：病院一般医から診療科長を経て院長に就任するケース

⑵ 天下り：大学教授定年退官後の再就職先として赴任し関連病院の院長に就任するケース

⑶ 医局スター：大学スタッフ（准教授，講師）を将来の院長候補として派遣するケース

⑷ 個人開業・世襲：個人開業もしくは親から世襲し院長に就任するケース

⑸ 公募：公募により就任するケース

今回，インタビュー調査をおこなったのは，下記9名の病院のトップ・マネジャー（院長，院長経験者，理事長）である。また，同意が得られた場合は，院長だけでなく，普段，院長を支えるコメディカル・スタッフや事務長

にもインタビューをおこなった。いずれの院長・理事長も，医療業界では評判の高い院長，病院管理者である。ほとんどの院長が，その卓越した業績により，業界紙，新聞，TV にもとり上げられたことがある医師である。なお，今回調査対象となった院長は，上記(2)(5)を除く 3 つのタイプによる院長への就任経緯をもつ。

4.3.3　調査協力者[1]

■ 独立行政法人国立病院機構岡山医療センター　青山興司名誉院長

在任期間：6 年

院長就任タイプ：(1)たたき上げ

キャリア・業績：

1968 年岡山大学医学部卒業，国立岡山病院で小児科医として研修を開始する。医師になった当初より，小児外科医を志していた。しかしながら，当時は国立岡山病院には小児外科という独立した診療科はなく，1972 年 4 月大阪市立小児保健センター外科へ出向し，小児外科の修練を積む。1974 年 7 月，国立岡山病院に戻り，自ら小児外科を開設した。小児外科診療科長として活躍し，1997 年 6 月川崎医科大学外科学（小児）教授に就任した。2004 年 4 月独立行政法人国立病院機構岡山医療センターの院長に就任し，経営改革をおこなった。73 歳にして 2017 年青山こどもクリニックを開院し，小児外科医としての診療を現在も続けている。

■ 独立行政法人国立病院機構福山医療センター　岩垣博巳院長

在任期間：4 年

院長就任タイプ：(3)医局スター

キャリア：

1980 年，岡山大学医学部を卒業し，第一外科（折田外科）に入局。岡山済

1　調査協力者の情報はインタビュー調査時（2015 年 9 月～ 2019 年 5 月）のものである

生会病院，福山第一病院等での臨床研修を経て，1990年に帰局し，1991年に第一外科助手として採用された。その後，外来医長・病棟医長・医局長の役職に就き，1999年第一外科の講師に就任。2007年4月福山医療センター副院長，2013年4月に院長に就任した。1980年タイ国カンボジア難民サケオキャンプに医療協力派遣（JICA），1991年スーダン国ハルツーム市イブンシーナ病院に医療協力派遣（厚生省）の経験を有する。専門分野は消化器外科で，大腸，炎症性腸疾患をとくに専門としている。

業績：

2007年4月に現在院長を務める国立病院機構福山医療センターの副院長として出向するまで，アカデミアの研究者として，医学基礎研究，臨床研究に従事し，大学院生，後輩の医師の学位取得のため教育に従事した。また，大学病院外科講座のスタッフとして，日常診療，手術など先進医療に携わってきた。

2004年の新医師臨床研修制度の導入以降，医師不足による地域医療の崩壊が叫ばれて久しいが，福山医療センターのある備後地区（広島県福山市，尾道市，三原市）においても，近隣の複数の基幹病院では，大学病院からの医師派遣が困難となったため，産婦人科ならびに小児科を休診せざるを得なくなり，この地域での出産が制限されている状況になっている。このような状況下，福山医療センターは，地域周産期母子医療センターとして最大規模の新生児室（NICU12床，GCU12床）を運営しているが，さらに岩垣院長の人的ネットワークを活用することにより，医師を増員し，地域周産期母子医療センターの拡充を図っている。また，入院病棟の建て替え工事も完了し，2017年度，初期臨床研修医7名フルマッチにより，新たな医師採用にも成功している。

■ 尾道市立市民病院　大枝忠史院長

在任期間：0.5 年

院長就任タイプ：(3)医局スター

キャリア・業績：

1983 年岡山大学医学部卒業，国立岩国病院，香川県立中央病院，岡山済生会総合病院で泌尿器科医として勤務，修練を積む。1988 年岡山大学泌尿器科へ帰局し，外来医長，研究室チーフとして，診療，研究，教育に従事，医学博士号取得。1997 年尾道市立市民病院泌尿器科診療科長として赴任し，2011 年からは医療安全管理室長，部長を兼務し，泌尿器科診療だけでなく，院内の安全管理，医療品質管理の責任者として活躍。2015 年同病院副院長，2019 年 4 月院長に就任した。

■ 国立研究開発法人国立長寿医療研究センター　大島伸一名誉総長

在任期間：15 年

院長就任タイプ：(1)たたき上げ

キャリア：

1945 年満州生まれ。1970 年名古屋大学医学部卒業後，社会保険中京病院で泌尿器科医として勤務，腎移植医療を確立した。1986 年社会保険中京病院泌尿器科主任部長，1992 年副院長に就任。同院の経営幹部として経営に携わる。1997 年名古屋大学医学部泌尿器科学講座教授，2002 年名古屋大学医学部附属病院院長に就任。2004 年国立長寿医療研究センター総長，2014 年からは同センター名誉総長を務める。

業績：

名古屋大学医学部附属病院院長として，独立法人化へ向けた大学病院改革をおこなった。腎移植のパイオニアとしての実績をもつ泌尿器科医であるとともに，高齢者の医療についても造詣が深く，官公庁と連携しながら「高齢社会に必要な医療とは何か」を模索し，新たな医療のかたちを提言し続けている。

■ 社会医療法人緑壮会　金田病院　金田道弘理事長

在任期間：18 年

院長就任タイプ：⑷個人開業・世襲

キャリア：

1954 年岡山県真庭郡落合町にある金田病院で生まれる。1979 年に川崎医科大学を卒業し，岡山大学医学部第一外科に入局。岡山大学第一外科の関連病院である岡山済生会総合病院，姫路赤十字病院外科などで，一般外科医として臨床修練を積んだ後，1984 年特定医療法人緑壮会金田病院に外科部長として戻り，1986 年理事長，1998 年から 2014 年まで金田病院理事長兼院長，2014 年から現在の社会医療法人緑壮会理事長を務める。

業績：

厚生労働省 保険医療専門審査員，厚生労働省 中央社会保険医療協議会・診療報酬調査専門組織・DPC 評価分科会委員，岡山県保健医療計画策定協議会委員，岡山県真庭地域医療再生計画推進協議会副会長として，人口減少，過疎化が進む地域医療を守るため連携の必要性を訴え活動している。趣味はスキーで全日本スキー連盟公認ドクターパトロール，全日本スキー連盟スキー検定 1 級（岡山県スキー連盟），国際スキー技術検定ゴールド（福井県・スキージャム勝山）などの資格をもつ。

■ 国立大学法人鳥取大学副学長　北野博也副学長

在任期間：4 年

院長就任タイプ：⑶医局スター

キャリア：

1980 年に鳥取大学医学部を卒業し，滋賀医科大学附属病院医員，市立長浜病院医員，1982 年文部教官滋賀医科大学医学部助手，1993年-94 年米国留学，1995 年滋賀医科大学講師（耳鼻咽喉科学講座）を経て，2002 年鳥取大学医学部感覚運動医学講座耳鼻咽喉・頭頸部外科学分野教授に就任した。2011 年鳥取大学医学部付属病院長に就任し，鳥取大学理事（医学・医療担当）兼副学長などを務めた。

業績：

鳥取県は人口約55万人，面積3500平方キロメートルの日本でも1，2をあらそう小さな県である。2004年に鳥取大学が国立大学法人化されたとき，鳥取大学病院収入は約118億円であり，全国の病院ランキングでは低く，儲からない大学病院として有名であった。しかしながら，北野院長の諸改革により，2014年には収入が約198億円となり，全国の国立大学附属病院に大きなインパクトを与えた。代表的な仕事に，低侵襲外科センターを創設し（手術ロボット　ダヴィンチの導入），男女共同参画事業を推進したことが挙げられる。

■ 医療法人伯鳳会グループ　赤穂中央病院　古城資久理事長

在任期間：15年

院長就任タイプ：⑷個人開業・世襲

キャリア：

1958年岡山県生まれ。1984年日本大学医学部卒業後，岡山大学第2外科に入局。複数の岡山大学関連病院で臨床研修。岡山大学で医学博士号を取得し，1993年に実家の赤穂中央病院に戻り，一般外科医として勤務した。2001年に父である初代理事長の死去にともない，伯鳳会理事長に就任した。専門は外科学一般である。なお，伯鳳会グループの歴史的起点は，1962年に古城資久氏の父，古城猛彦氏により開設された古城外科である。1964年には診療所から古城病院へ発展し，1984年に医療法人伯鳳会赤穂中央病院に名称変更した。

業績：

古城資久理事長は，「平等医療，平等介護」の理念の下，M&Aによりグループを拡大している。2021年現在，伯鳳会グループは，赤穂中央病院をはじめとする10の病院を中心とし，診療所，介護老人保健施設，介護老人福祉施設，各種通所施設，身体障害者授産施設，医療専門学校など60を超える事業所を運営し，グループが展開する地域は，兵庫県赤穂市，姫路市，明石市，神河町，尼崎市，大阪市，埼玉県，東京都と 8 地区にわたっている。古城理事長は，伯鳳会グループのトップであり，経営責任を担っている。理事長就任当時，約 50 億円だった売上は，18 年間で約 360 億円となり，7 倍以上になっている。趣味はベンチプレスで，世界マスターズベンチプレス選手権で 4 回優勝し，世界新記録を 1 度樹立するという一面ももつ。

■ 独立行政法人国立病院機構福山医療センター　友田純名誉院長

在任期間：6 年

院長就任タイプ：(3)医局スター

キャリア：

1972 年に岡山大学医学部を卒業し，関連病院で研修後，1980 年に岡山大学医学部附属病院第一内科助手で帰局し，1990 年講師に昇任した。1994 年に国立福山病院内科医長として関連病院に出向し，2007 年に国立病院機構福山医療センター院長に就任した。2013 年院長退職，同年から赤磐医師会病院診療顧問を務める。内視鏡内科医のスペシャリストである。

業績：

院長就任後，収益を V 字回復させた。また，2008 年老朽化した病棟，手術棟の建て替えを決定し，2011 年 9 月新病棟を完成させ，外来棟改修により診療体制を整備した。院長退職後は，ライフワークである内視鏡内科医として，さらなる診断，治療技術の向上を目指している。

■ 学校法人川崎学園川崎医科大学総合医療センター　猶本良夫院長

在任期間：1 年

院長就任タイプ：(3)医局スター

キャリア：

1978 年山口大学医学部を卒業し，1978 年岡山大学第一外科に入局。岡山大学で助手，講師，准教授としてキャリアを歩み，川崎医科大学総合医療センター外科学教授，2017年4月からは院長を務める。消化器外科がん手術の中でも最も難易度が高いとされる食道がん手術をこれまで600例以上執刀し，全国でも屈指の治療実績をもつ臨床医である。岡山大学大学院准教授時代の2002年から5年間，神戸大学大学院経営学研究科に籍を置き，経営学博士号を取得した経営学研究者でもある。

業績：

自動車メーカーの業務改善活動を取り入れたトヨタ記念病院（愛知県豊田市）などの先進的な病院経営を研究し，その成果をまとめた『病院組織のマネジメント』（2010年，碩学舎）を共著で出版している。

4.4 研究方法

本書は，研究方法として，定性的方法論のケース・スタディを採用した。Yin（1994）は，ケース・スタディが望ましいリサーチ戦略であるのは，「どのように」あるいは「なぜ」という問題が提示されている場合，研究者が事象をほとんど制御できない場合，そして現実の文脈における現在の事象に焦点がある場合であると述べている。本研究のリサーチクエスチョンは，「病院におけるリーダーがどのように変革型リーダーになるのか」である。変革型リーダーへの発達のプロセス，ならびに発達メカニズムを探索するものであり，Yin（1994）が提唱するように，本研究の遂行にはケース・スタディが適切であると考えた。

ケース・スタディのデータは一般的に，文書，資料記録，面接，直接観察，参与観察，および物理的人工物の6つから収集される（Yin, 2014）。本研究では，直接観察，インタビュー，そして文書や資料記録など二次資料の収集をおこなった。直接観察はこれまでMintzberg（1973）をはじめ，管理者行動研究でよくおこなわれてきた行動観察法である。「管理者は，現実の日常行動においていったい何をおこなっているのか」，あるいは「どのような活動，どのような人々との接触にどれだけの時間を費やしているか」という研究課題にこたえるために用いられてきた手法である（金井，1991）。行動観察法は，研究対象者の無意識の行動，また，本人に聞いてもわからない事実や当たり前すぎて見過ごされてきた事実などを，直接，行動を観察によって把握することができる可能性がある。さらに，研究者が直接観察したことを多様な観点で解釈を加えることで潜在的な課題を導き出すことができる。以上の点から，「病院における変革型リーダーとはどのような人であり，また，どのような役割を担い仕事をしているのか」という本研究における調査課題1に対応するためには，病院のトップ・マネジャーの日常行動を直接観察する方法は適していると言える。

また，一方で，「病院におけるリーダーの変革型リーダーへのプロセス，ならびに発達メカニズムはどのようなものであるか」というリサーチクエスチョンの本質が，リーダーとしての成長やアイデンティティの変容という時間的推移や時間軸を伴うものであるため，行動観察ではなく，インタビューによるデータ収集が適していると考え，前述の病院のトップ・マネジャー9名へのインタビューをおこなった。

4.4.1　行動観察法

Mintzberg（1973）の方法に倣い，国立病院機構福山医療センター岩垣博巳院長に2日間密着し，行動をともにすることにより，岩垣院長の仕事，言動を観察した。ほぼ日常と考えられる連続する2日間を選択し，他院での会議のための出張・外出時間（3時間）を除く，可能な限りすべての勤務時間内における行動を観察した。また，岩垣院長の同意の上，院長の対人接触における会話内容，出席した院内会議の内容を録音記録し，データ解析をおこなった。

4.4.2　インタビュー法

面接調査は，2015年9月から2019年5月の期間でおこなわれた。インタビューは半構造化面接でおこなわれ，質問内容について自由に語ってもらう形をとった。インタビュー内容は，調査協力者の許可を得た上で，IC レコードに録音し，同時に面接の雰囲気などについてのメモを取った。あらかじめ調査対象者に，面接時間は 60 分で依頼していたが，最終的には 1 人当たり平均約 82 分（65 分～ 105 分）となった。また，面接は本人の自由意志によって途中で中断できることも伝えた。インタビューガイドラインを付録として本書の巻末に載せている。

第5章 病院における変革型リーダーの仕事と役割

本研究のリサーチクエスチョンは，「病院におけるリーダーがどのように変革型リーダーになるのか，そのプロセス，ならびに発達メカニズムはどのようなものなのか」である。まずは，その前提として本章では，調査課題1「病院における変革型リーダーとはどのような人であり，また，どのような役割を担い仕事をしているのか」について検討する。

この課題を検討する上で，「院長は現実の日常行動においていったい何をおこなっているのか」，「どのような活動，どのような人々との接触にどれだけの時間を費やしているのか」という素朴な疑問が生じる。素朴ではあるが，管理者行動論の大きなテーマである。Mintzberg (1973) は，元ニューヨーク・ヤンキースの名捕手ヨギ・ベラの言葉を引用し，「ただみているだけで，とてもたくさんのことがわかる」と行動観察の重要性を説いている。本章では，岩垣博巳院長（福山医療センター）に2日間密着し，その行動をつぶさに記録し，それを理論的に読み解くことを試みた。また，岩垣院長をはじめとする変革型リーダーと考えられる病院管理者へのインタビュー，とくに，大島伸一名誉総長（国立長寿医療研究センター），青山興司名誉院長（岡山医療センター）については，彼らが語るライフストーリーから，臨床医，診療科長，トップ・マネジャーの仕事と役割を記述し，病院における変革型リーダー像を浮かび上がらせることを試みた。

5.1 行動観察からみえてくるリーダーの行動

2015年10月14日（水），15日（木）の2日間にわたり，岩垣院長の行動観察をおこなった。両日とも平日であり，岩垣院長のほぼ平均的な活動の行動を観察することが可能であった。10月14日は，中断することなく計12時間20分の行動観察が可能であった。10月15日に関しては，急遽，岩垣院長が岡山での会議に出席することとなったため，岩垣院長が会議出席中は一時観察を中断した。その間筆者は院内で待機し，4時間15分の中断後，行動観察を再開した。そのため，10月15日は4時間15分の中断を挟み，計8時間20分にわたって岩垣院長の行動を観察した。

岩垣院長は，基本的にカジュアルなシャツにゆるゆるネクタイというラフな出で立ちである。フットワークを軽くするためにも，足元はいつもスニーカー履きである。筆者はまずはじめに，岩垣院長の白衣の着脱回数が多いことに気がついた。そのため，白衣着用に着目し，その有無で仕事内容の違いや特徴がみられないか，岩垣院長の行動を時系列に記した（表5-1）。

岩垣院長の白衣の着脱回数は通常の医師に比べて多く，非着用時間も大変長い。岩垣院長は，事務的作業をしているときや，事務方，病院幹部との会議では，白衣を着用していない。彼が白衣を着用するのは，診療もしくは病院のフィギュアヘッド（表5-2参照）として振る舞うときに限られている。病院のトップ・マネジャーである院長は医学と管理という2つの境界領域で仕事をしているが，岩垣院長は医学の仕事をするときに限り白衣を着用し，管理の仕事をするときは白衣は着用しない。白衣の着用・非着用の意味に関しての検討については本章5.4節において詳述する。

表5-1から，白衣の着脱回数以外にも，⑴仕事内容は多様であり，1つひとつの仕事や行動が断片化されていること，⑵フットワークは軽く，決断が早いことなどの特徴がみいだされた。これらの特徴について，以下に説明したい。

表 5-1 岩垣院長（国立病院機構福山医療センター）の行動

〈2015 年 10 月 14 日〉

白衣 着用		白衣 非着用	
時刻	**行動**	**時刻**	**行動**
7:45	出勤し，白衣着用		
7:55	退職予定の医師と立ち話（異動先の上司のこと）		
8:00	外科カンファレンス（外科医 17 名参加，朝食あり）		
		8:29	外科カンファレンス途中退室→院長室へ
8:34	病院運営会議（10 名）		
		9:00	メール処理 @ 院長室
		9:48	病院幹部ミーティング@小会議室
		9:56	資料コピーのため中座
		10:01	病院幹部ミーティング再開
		10:53	病院幹部ミーティング終了→院長室へ
		11:00	看護部長と面談（看護部人事）@院長室
		11:05	内線電話受信（他院　外科医）
		11:06	看護部長と面談再開
		11:14	事務部長と面談（詳細不明）@ 事務室
		11:22	メール処理 @ 院長室
		11:33	内線電話，関連部署に問い合わせ
		11:38	メール処理再開
		11:58	内線電話受信→事務室へ
		12:05	内線電話発信，会議の案件相談（労組など）
		12:10	昼食 @ 病院から徒歩 5 分の定食屋
		13:00	メール処理 @ 院長室
		13:51	歯科衛生士と面談，病院広報誌の原稿手直し
		14:41	メール処理@院長室
		15:30	医学論文手直し
		16:00	事務部長と打ち合わせ@事務室
		17:00	事務処理@院長室

18:00	オープンカンファレンス招講演者と歓談		
18:30	オープンカンファレンス出席（全職員対象）		
		20:05	オープンカンファレンス終了し，病院を退出
白衣着用時間：2 時間 03 分		**白衣非着用時間：10 時間 17 分**	

〈2015 年 10 月 15 日〉

白衣 着用		白衣 非着用	
時刻	**行動**	**時刻**	**行動**
		7:45	出勤し，白衣非着用のまま，メールチェック
7:55	管理診療会議出席@大会議室		
7:56	歩きながら内科医と患者経過相談		
8:00	管理診療会議		
		8:45	メール処理，書類整理 @ 院長室
		8:57	事務部長，看護部長と面談@院長室
		9:00	医療安全会議@中会議室（参加者 5 名）
		9:25	着替え，岡山での会議準備 @ 院長室
		9:30	岡山での会議参加のため出発 〔行動観察を 4 時間 15 分間中断 中断中，著者は院長室で待機した〕
		13:45	帰院，院長室へ
		13:50	事務係が大量の書類を院長室へ搬入
		13:55	書類に目を通し，決裁
		14:03	内線電話受信，外科医から患者経過報告
		14:07	事務室へ移動，連絡業務
		14:21	看護師の作成した原稿を校正
		14:22	内線電話受信，患者様とのトラブル，対策指示
		14:45	メール処理@院長室
16:10	病院広報誌インタビュー取材		
17:28	鳥取大学北野先生，竹内先生来院，面談		
17:30	北野，竹内両先生を病院内案内		
18:15	北野，竹内両先生と歓談@院長室		

18:25　オープンカンファレンス出席（全職員対象）	
	20:20　オープンカンファレンス終了し，病院を退出
白衣着用時間：5時間00分	**白衣非着用時間：7時間35分**

⑴　多様な仕事内容と断片化された仕事・行動

病院のトップ・マネジャーの役割や仕事は，病院の開設主体によって異なり，また，病院の規模，病院のもつ機能，立地によっても千差万別であると言える。おのずとトップ・マネジャーの業務や役割にも大きな違いが出てくる。今回の行動観察からも，院長は数多くの仕事を間断のないペースでおこなっていることがわかる。診療科長とは異なり院長は，臨床医としての診療，手術の時間が極端に少ない。一方で，会議に出席するなど，管理業務に関連する仕事の比率は多い。ただし，岩垣院長は院長就任後より，可能な限り会議数を制限し，院長が出席する会議や委員会を30分以内にする短縮化を指示し，実行している。行動観察中にもいくつかの会議に出席していたが，病院幹部ミーティングを除き，30分以内で終了していた。また，事務的な仕事についても，多くの部分を事務部長に権限委譲し，簡略化する努力は欠かさないと語っている。

岩垣院長

> *以前は事務室の大きな机に書類をずらっと並べて，端から順番に中もみずにただ判を押していたが，事務部長から「お願いですからやめて下さい。ただ判を押すだけでいいので，事務室ではなく，院長室で押してください。」とお願いされた。以後，自室で悠々と判を押している。それで今まで困ったことは一度もない。*

岩垣院長の１つひとつの仕事は，非常に短時間でおこなわれており，１つの仕事をおこなっている間にも，電話，メール，突然の面会などにより，仕事が容易に中断されるため，断片的なものになっている。マネジャーの仕事が，このように分断され，またしばしば中断し断片化されているという特徴は，Mintzberg (1973) だけでなく，Kotter (1982) も指摘しており，今回の行動観察においても同じ特徴が確認された。

⑵ 軽いフットワークと早い決断

岩垣院長は，「軽いフットワークと早い決断」を信条としている。国立病院機構病院のトップ・マネジャーであるにもかかわらず，「秘書は不要である」として，自身専属の秘書はおいていない。「スケジュール管理は自らするものだ」として，出張のホテル，切符の手配もすべて自分自身でネットを利用しておこなっている。自分でやったほうが早いし，自分のペースで行動したいということであろう。また，「医師をはじめ職員を院長室に呼びつけて怒るようなことはしてはいけないと，自分自身に言い聞かせている」と語っており，必ず自らが対象人物，対象部署に出向くようにしている。また，院外では，講演やセミナーを聞いたらすぐにその演者にアプローチをする。その際，自ら編集し，毎月発行している病院広報誌を一緒に手渡している。

今回の岩垣院長の行動観察から，トップ・マネジャーの仕事は非常に多彩で，様々な仕事を同時並行で遂行しており，しかもそれらの仕事は，突然の電話やメール，また会議などにより中断を余儀なくされ，断片化していることが確認された。一見，受動的な行動様式にもみえるが，岩垣院長は秘書を置かず，自分のペースで仕事をおこない，気になることがあれば自ら足を運び人と接触し，部署を訪れていた。個々の仕事が受動的に断片化されても，自ら能動的に行動することにより，断片化された仕事をつなげるようつとめていた。受動—能動のバランスをとりつつ，リーダーとしての行動をとっている様子が観察された。

5.2 病院のトップ・マネジャーの仕事と役割

病院のトップ・マネジャーの具体的な仕事，役割は，(1)臨床医としての診療・手術，(2)医師・看護師の確保，(3)情報収集，(4)プロフェッショナルの評価と医療品質管理，(5)経営企画，戦略策定，意思決定，(6)トラブル処理などが挙げられる。

これらは，(1)の医師の仕事以外は，一般企業のトップ・マネジャーの仕事と大きな差異はない。一般的にマネジャーがどのような仕事をおこなってい

表 5-2　マネジャーの 10 の役割

対人関係	1	フィギュアヘッド	象徴的な長として，法的・社会的責任を伴った多くの義務を遂行する役割。
	2	リーダー	組織に方向と目標を与え，部下のモチベーションを高め鼓舞する役割。
	3	リエゾン	自らの組織と外部環境を連結させる役割。組織内外の人たちと交流し，好意的援助と情報を得るためのネットワークを構築する役割。
情報関係	4	モニター	絶え間ない情報の探索により自らの組織とその環境に何が起こっているのかを捉える役割。
	5	周知伝達役	自らが受信した組織内外の情報を，自らの組織メンバーに伝える役割。
	6	スポークスマン	組織の計画，方針，措置，結果について情報を外部の人に伝え，宣伝する役割。
意思決定関係	7	企業家	問題点を発見し改善計画を立て，変革（イノベーション）を構想する役割。
	8	障害処理者	組織が重要で予期せぬ困難にぶつかったとき是正措置をとる役割。
	9	資源配分者	あらゆる種類の組織資源の配分に責任を持つ役割。
	10	交渉者	組織の利益のために交渉者として交渉活動の一翼を担う役割。

出所：Mintzberg（1973）

るのか，または管理職はどのような仕事をするべきなのかについて，これまで多くの研究がなされてきた。Mintzberg (1973) は，5名のマネジャーを実際に観察し，その行動からマネジャーの役割を抽出するアプローチにより，マネジャーの行動分析をおこない，マネジャーの役割を，対人関係の役割，情報関係の役割，意思決定関係の役割の3つに大別した。

まず，対人関係の役割には，フィギュアヘッド，リーダー，リエゾンという3つの役割が含まれている。Mintzberg (1973) はマネジャーを，組織単位を公式的に預かる人と定義しており，そこでの公式的な権限と地位により，組織を代表し，同僚や組織外の人々と交流し，動機づけや人員配置など部下との関係を決めるとしている。また，情報関係の役割には，モニター，周知伝達役，スポークスマンという3つの役割が含まれている。情報の受信と発信の責任者としての役割である。最後に，意思決定の役割には，企業家，障害処理者，資源配分者，交渉者という4つの役割が含まれるとし，マネジャーは10個の役割を担うとした。

とくにMintzberg (1973) の研究において注意すべき点は，マネジャーの10の役割が個別に述べられているが，それぞれが孤立した存在ではなく，10の役割は統合化され，1つの全体を形成しているということである。マネジャーはその権限と地位により，対人関係を組織外に展開し，ネットワークを構築し情報を得る。その得られた情報を統合し，意思決定をしているのである。さらに，これら10の役割が，あらゆるマネジャーに共通するものであり，実証的証拠だけでなく論理的な議論からも支持されている。今回，調査した病院のトップ・マネジャーにおいても，(1)臨床医としての診療・手術，(2)医師・看護師の確保，(3)情報収集，(4)プロフェッショナルの評価と医療品質管理，(5)経営企画，戦略策定，意思決定，(6)トラブル処理など，それぞれの仕事においてMintzberg (1973) の10の役割を演じていることがわかった。

これまでの業務遂行型（従来型）のリーダーも，(1)から(6)のような院長の仕事をおこなってきた。では，業務遂行型（従来型）のリーダーとこれからの病院に求められる変革型リーダーとの違いは一体，何であろうか。前節の行動観察では，「病院のトップ・マネジャーの仕事は多様であり，しばしば中断され，断片化している」という特徴を挙げた。トップ・マネジャーの仕事の１つひとつが中断され，断片化される受動的性格が強いため，前出の変革型リーダーである岩垣院長は，フットワークを軽くし，決断を早くするなど積極的に能動的行動をすることにより「受動―能動」のバランスをとっていることがわかった。

さらに，９名の変革型リーダーへのインタビュー調査を通じて，病院における変革型リーダーの仕事と役割の特徴として次の２つの特徴が浮かび上がった。第１に，独自のネットワークを構築していること，第２に，慣習にとらわれないアジェンダを設定し，自らの役割を創出していることである。この２点については本章5.3節で詳述するが，まずは変革型リーダーとされる病院のトップ・マネジャーが仕事においてどのようなリーダー行動をとっているのかを，以下に記述する。

(1)　臨床医としての診療・手術

岩垣院長の臨床医としての仕事は，週１回，午前中の外科外来診療と，週１回の院長回診である。原則，手術に携わることはない。週１回の外科カンファレンスにも参加するが，主導権は外科診療部長に委ねており，アドバイザーとしての参加に留まっている。

岩垣院長

臨床を離れることの未練はない。当院には外科医は24名も在籍している。私が外科医として出る幕はない。外科医の旬は，40代であり，60歳を過ぎてからも手術するのは罪だと思う。どんどん若い医師に任せるべきだと僕は考えている。院長自らが手術や医療行為をすることにより，医療訴訟の当事者となるのは好ましくないと事務長からも言われる。

病院のトップ・マネジャーになってからも患者の診療を続ける院長は多いが，ほとんど患者を診察しない院長もいる。これについては特別なルールがあるわけではない。院長自らの裁量に任されている。今回調査した変革型リーダーとよばれる病院のトップ・マネジャーは皆，外来診療は続けてはいるものの，大部分はマネジメントに専念しているといってもよい。重要な点は，これら院長は皆，院内の他の医師やコメディカルから，臨床的に信用され続けていることである。これは通常はとても難しいことであるが，お互いにコミュニケーションをとる努力により信頼関係は維持される。しかしながら現実問題として，パートタイムの診療では医学的能力を維持することは難しい。今回調査したトップ・マネジャーらは，臨床に未練はなく，マネジメント業務に専念していた。しかしながら，臨床医としての未練を捨てきれずに，医師とトップ・マネジャーという２つのアイデンティティの葛藤を抱えたままである院長も，この世の中には多く存在する。その場合，管理的職務は，受動的で，いわゆる「お飾り」で実務は事務長に任せる，もしくは先任のトップ・マネジャーがおこなっていた業務を慣習的に踏襲することしかしないトップ・マネジャーになりがちである。厳しい環境下にある現在では，このようなトップ・マネジャーでは病院経営は難しい。

⑵　医師・看護師の確保

病院経営は，企業経営と同様に，ヒト・モノ・カネ・情報といった経営資源の管理が基本になる。病院は典型的な労働集約型のビジネスであり，医師，看護師，薬剤師などのプロフェッショナルが患者と接することで医療サービスが提供されている。そのため，医師，看護師など人的資源の確保が，病院経営にとって最重要課題であることが多く，その対策をすることがトップ・マネジャーの最も重要な役割，仕事であると言っても過言ではない。

従来型のトップ・マネジャーは，医局制度に依存し，大学医局に医師の派遣を依頼しさえすればよかった。しがしながら，第２章でも述べたように，新医師臨床研修制度導入以後，とくに地方の病院において若手医師の確保が困難となっている。医師の偏在化による医師不足は，地域医療を担う病院にとって，死活問題である。

また，以前から看護師は離職率が高い職業として知られている。看護師業界においては，長年にわたり慢性的に人手不足の状態が続いており，慢性的な人手不足が，現場の看護師１人当たりの業務量を増加させ，その結果，心身ともに疲れ果てた看護師が退職していくという負の連鎖を生んでいる。また，看護師は，女性の占める割合が圧倒的に高い職種である。そのため多くの看護師が，20 代～ 30 代の時期に，結婚・出産という人生の転機を迎え，このタイミングで職場を離れる看護師が多く，離職率を引き上げる一因になっている。前述のとおり，病院や医療施設は人手不足であり，常時看護師を募集しているため，一度退職しても復職は容易ではある。しかしながら，現実的には保育所不足などの問題もあり，フルタイムでの復職は簡単なことではない。

以上のような現状を踏まえ，医師・看護師の確保のため，変革型リーダーである鳥取大学病院 北野院長がとった興味深い行動については，次章で紹介する。

⑶　情報収集

情報収集は，トップ・マネジャーにとってきわめて重要な仕事である。情報収集の目的は，競合病院の経営状況，医師の異動状況，医療内容などの対外的な情報収集である。また，一方では，自院の医師，看護師，職員が現在どのような活動をおこない，どのような思いをもって働いているかなど，組織内部の情報収集も含まれる。プロフェッショナルの評価や医療品質管理において，組織内部の情報収集は重要である。岩垣院長がおこなっている情報収集のための事例を２つ紹介したい。１つは岩垣院長が責任主催するオープンカンファレンスであり，もう１つは，病院広報誌の編集と発行である。

■ 事例：オープンカンファレンス（福山医療センター　岩垣院長）

福山医療センターでは年間60回，オープンカンファレンス（図5-1）が開催されている。月1回，もしくは年10回の開催頻度でも相当に多いと言えるが，福山医療センターのオープンカンファレンス開催数は，他院に比べ突出している。また，そのほとんどが外部から講師を招聘し，開催されている。院内各部署からの推薦もあるが，多くは岩垣院長独自のネットワークを利用して招聘している。さらに，このカンファレンスは，病院職員だけでなく，院外からの参加も自由であり，オープンな交流の場所としても機能している。また，オープンカンファレンスで講演した講師全員に，広報誌での執筆を依頼し，広報誌の充実にもつなげてている。

岩垣院長

ネットワークが最も重要で，院長の仕事はネットワークづくりであり，そ

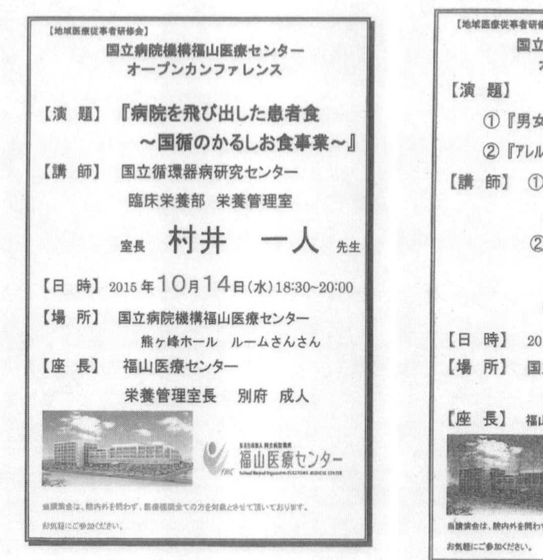

図5-1　オープンカンファレンス案内

出所：国立病院機構福山医療センター提供

のネットワークを利用して医師を確保し，経営基盤を盤石化させる。
自分の場合，臨床医として積み重ねた経験と院長としての管理職の仕事の関連性はないと思う。かつて基礎研究に従事し，研究のグループ長であったとき，共同研究をするときに形成されたネットワーク（他科の先生との繋がり）が現在の，病院間連絡・連携，医師確保のネットワークにそのまま生きている。このオープンカンファレンスをきっかけに広がったネットワークからの情報が，医師，看護スタッフの確保に役に立っている。〈モニター，リエゾン，交渉者〉[1]

頻回のオープンカンファレンスの開催は，病院職員にとって新たな知識の獲得や医療技術のアップデートに役立つだけでなく，トップ・マネジャーとして自らのネットワークの構築や情報の収集にも役立っている。

■ **事例：病院広報誌の編集（福山医療センター　岩垣院長）**

岩垣院長が率いる福山医療センターでは，毎月１回，広報誌を発行している（図5-2）。近年多くの病院，医療機関は広報誌を発行しているが，その目的は，病院を訪れる患者，その家族，他の医療機関に所属する医師，医療関係者を対象に，病院の活動，設備紹介，診療内容紹介をおこなうことである。福山医療センターの病院広報誌（福山医療センターだより／FMC NEWS）は，A4サイズ，40ページ前後の冊子であり，そのボリューム，内容の充実度は，他の医療機関の広報誌（通常１～５ページ程度）に比較して突出している。岩垣院長は，その発行責任者であるだけでなく，編集責任者であり，編集，発行に院長自らかなりのエネルギーと情熱を注いでいる。

広報誌は，毎月約40名の寄稿で構成されている。医師，看護師，薬剤師，栄養士などの専門職にとどまらず事務職員も寄稿している。さらには，

1　〈　〉内は，発言引用部からみいだせるマネジャーの役割を，Mintzberg（1973）のマネジャーの10の役割にあてはめたものである。以下，〈　〉内につき同様。各役割の意味は表5-2を参照のこと。

Topics

祝 小児科医長・菅井和子の論文が
Impact Factor 11.476 のJACI
(Journal of Allergy and Clinical Immunology)に採択さる !!!

岩垣 博巳

MIP-1α level in nasopharyngeal aspirates at first wheezing episode is a predictor of recurrent wheezing

菅井 和子

神道の神観念

多田 宜史

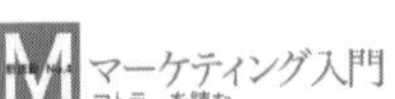

マーケティング入門
コトラーを読む

佐藤 成美

一枚の絵 No.35
yukimitsu sanayasu の
ぶらり旅日記

ひまわりサロンミニレクチャー

FMCこどもかいぎ

お知らせ 研修会・オープンカンファレンス

がん診療部キャンサーボード

STAFF

FMC NEWS
VOL.8 2015 OCTOBER
編集後記

「運動のすすめ」

図 5-2　病院広報誌「福山医療センターだより／FMC NEWS」

出所：国立病院機構福山医療センター提供

職員以外にも近隣の開業医，院内カンファレンスに招請された特別講演の演者，近隣に在住の住職，神官，グラフィックデザイナーなど多岐にわたっている。また，広報誌作成に1部当たり300円のコストがかるが，それを1600の医療機関や個人に病院が毎月郵送しているので，毎月50万円，年間約600万円の作成費が必要（郵送費は除く）となる。では，なぜ岩垣院長は広報誌の編集発行にこれほどのエネルギーと情熱を注ぐのであろうか。その理由は，広報誌の作成・編集作業を通じて，岩垣院長は院内外の情報を収集しているだけでなく，様々なマネジャーの10の役割（Mintzberg, 1973）をその作業の中で果たしているのである。

岩垣院長

備後地区の600の医療機関，広島県，福山医師会，中国地方の看護学校，院内オープンカンファレンスに招いた講師の先生など，毎月送っている。広報費として年間600万円なら安いと思うよ。〈スポークスマン〉

広報誌作成のため，寄稿してくれそうな人をみつけるため，常にアンテナを張っているよ。〈モニター〉

オープンカンファレンスに招請し，講演をしていただいた方には，広報誌に必ず寄稿してもらっている。〈周知伝達役〉

広報誌を名刺代わりに使っているんだ。先日，麻生飯塚病院の麻生さんの講演を聞いた。講演会場で質問もして，直接，私の病院の広報誌を手渡した。すると，その後，麻生飯塚病院が主催するイベント，病院経営セミナーから，理事長自らの手紙で案内が届くようになった。〈リエゾン，スポークスマン〉

院内のいろいろな部署の職員に積極的に寄稿を促す。原稿を寄稿した職員はすべて顔写真付きで載せる。自分の顔が広報誌に載り，自分の考えを広

く皆に知ってもらうことが嬉しくなり，職員のモチベーションが上がる。職務命令，義務で書かされているわけではない。原稿料なしで，丸6年に渡り連載している医師もいる。〈リーダー，企業家，リエゾン，モニター，周知伝達役〉

院内のいろいろな部署の職員に積極的に寄稿を促すだけでなく，原稿作成に関し，自らアドバイス，校正も丁寧に，頻回におこなっている。メールでやり取りしているが，返事も早い。〈リーダー，モニター，リエゾン〉

2年前は32ページであったが，どんどんボリューム・アップし，最新号は44ページとなっている。字も小さくなっている。もともとはこんなすごいデザインじゃなかったですよね。内容もどんどん変わり，充実してきていますね。厚みも増したし。今や，ページ数に制限かけています。すべて載せられないので次号にまわすこともよくあります。

岩垣院長だけではなく，コメディカルの安全管理室長，地域連携室長，さらに事務部長にも病院広報誌の編集，発行について尋ねた。

Q（筆者，以下同）：職員は皆さん，喜んで書いておられるのですか？義務感とかはないのですか？

安全管理室長，地域連携室長：様々だとは思います。

地域連携室長：文章が上手な人，下手な人，いろいろおられるのですが，私たち職員が書きやすいのは，私なんか文章を書くのはとても苦手だけれども，でも書いたものに関して院長から，必ず助言がきます。「この言葉は，このように別の表現に書き換えた方が，より読者に伝わりやすいよね。」と院長自ら手直しをしていただけます。

Q：院長はそのようなことまでされるのですか？

地域連携室長：そういうお手伝いも院長はこまめにしてくださるんですよ。な

ので，上手に書かなくてもいい，とりあえず，自分なりの言葉で書けば，あとは院長がよりよい表現に直してくださり，広報誌がいいものになっていくというか。気楽な気持ちで書き始めることができますね。

事務部長：このようにたくさんの職員が病院誌に寄稿することは，きっと他の医療機関ではないことだと思います。だいぶ皆さん楽しまれています。院長自らも楽しんでおられますから。なかなか毎月これだけのボリュームというのは，みたことないです。

Q：院長が，広報誌作成に費やされている時間や労力も，相当なものなのではないでしょうか？

地域連携室長：先生はこまめに寄稿者と連絡をとってくださっています。

安全管理室長：院長のレスポンスすごく早いよね，すごく。

地域連携室長：だから寄稿していただく近隣の開業医の先生とかにも，入稿いただければ，すぐに御礼の返信をして，気持ちを伝えて，相手の先生がまた気持ち良く，じゃあ次回もまた書こうかと思わせるような関わりあいをしてくださるので。その積み重ねが，現在の誌面の充実につながっていると思います。

上述のように，岩垣院長は，病院広報誌の編集，発行作業により，「どの部署が，現在どのような仕事をしており，どのような問題点を抱え，要望があるのか知ることができる。」と答えている。病院広報誌の編集，発行作業の重要性を病院執行部のメンバーであるコメディカルの安全管理室長，地域連携室長，事務部長も理解しており，また，情報も共有できている。岩垣院長にとって病院広報誌は，単なる広報のためだけでなく，その編集作業を通じて，情報を収集し，他のプロフェッショナル，職員の評価にも役立て，リーダーシップを発揮しているのである。

他病院にも病院広報誌は存在するが，一方的な院長の時候の挨拶や新任，退任した医師の紹介，また，外来診療情報など，慣習的な記事を掲載しているものが多く，岩垣院長のように編集作業そのものに院長が深くコミットし，マネジメントやリーダーシップに役立てることはしていない。岩垣院長は，頻回に開催するオープンカンファレンスと病院広報誌編集をリンクさせ，自らその2つに深くコミットすることにより，独自のネットワークを構築し，さらにアジェンダを設定し，独自の役割を創出していることがわかった。

⑷ プロフェッショナルの評価と医療品質管理

病院には医師，看護師など数多くのプロフェッショナルが従事している。これらのプロフェッショナルを適正に評価し，モチベーションを高め，病院が患者に提供する価値である医療品質を管理するのは，トップ・マネジャーの大きな仕事である。

■ 事例：PDCA サイクルの見える化作戦（川崎医科大学総合医療センター　猶本院長）

猶本院長は，自動車メーカのトヨタの業務・品質管理方式を自身の病院に導入した。PDCA サイクルの考え方を取り入れ，また，現在の病棟稼働率，目標稼働率などの業績や目標を，各病棟のあちこちに貼り紙掲示することにより「見える化」をはかった。

猶本院長

こういう入力をしたらこういう出力がある可能性があるとか，こういうふうにしたら人とか組織はこう動くとか。PDCA サイクルは見える化している。見える化していなければ，何も動かない。見える化すれば，マネジメントできる。トヨタ方式です。人のやる気を喚起するといっても，やる気というものが測定できなかったらマネジメントできないわけですよね。〈企業家，リーダー，周知伝達役〉

第2章 2.3.4 項で述べたように，従来の院長はプロフェッショナルの主体性，自律性を尊重するため，もしくは，医師と経営管理ライン間での対立を避けるため，医療品質，とくに提供する医療の内容，質については各診療科長に任せる傾向が強かった。経営が右肩上がりの時代は，少々経営効率の悪い医療機械，医薬品も各診療科が望むように導入することができた。しかしながら，トレードオフにある医療の質と医療費の適切かつ適正なコントロールは，現在の病院の変革型リーダーに最も求められる役割である。診療科長や事務長に任せきりにするのではなく，猶本院長のように，プロフェッショナルの評価と医療品質管理についても，従来型の院長がおこなってこなかった仕事を積極的におこない，新たな役割を果たす必要がある。

⑸ 経営分析，戦略策定，意思決定

経営分析，戦略策定，意思決定は，単に従来の方法を踏襲するだけの業務遂行型リーダーと自らの役割を創出する変革型リーダーの間にみられる最も大きな相違である。

■ 事例：法人化移行前の大学病院経営における黒字化（国立長寿医療研究センター大島伸一名誉総長）

大島名誉総長が名古屋大学病院長に就任した当時，大学の自主性を尊重しつつ，競争的環境の中で世界最高水準の大学人の育成を目標に掲げた国立大学の法人化へ向けた動きが活発になっていた。大島名誉総長は，医学部を卒業して27年，一度も大学病院で勤務することなく，名古屋大学の教授に就任した異色の経歴の持ち主である。さらに驚くべきことに，名古屋大学医学部教授就任後3年で大学病院副院長，5年で病院長に就任し，大学経営改革を担うことになった。大学も独自性を求められ，多様性のあるリーダーを必要とする時代の到来が，大島氏をトップ・マネジャーに押し上げたのであろう。院長就任と同時に大島氏は，「法人化前に赤字を一掃する」と宣言し，「このことは自分だけの力では成し遂げることはできない」と全職員の協力を求めた。大島名誉総長の意思決定は迅速であった。

同氏が戦略実行する上で最も重要と考えたことは，まず第1に，「具体的

な目標と期限を設定したことである」と語っている。大島名誉総長は病院長就任直後，具体的に目標を設定し，法人化までの1年数ヶ月で3億9000万円にのぼる累積赤字を一掃すると高らかに宣言した。法人化時に赤字を抱えていたのでは先に進めないと考えた大島名誉総長は，病院職員を前にして，次のように迫った。

大島名誉総長

> *赤字に対する対策方法を選択肢は3つある。1つは，こんなもの知らないと踏み倒す。2つめは，自分たちで稼いできちんと返す。3つめは，自分たちの研究費を拠出して返す。私はどれでも良いと職員に迫った。踏み倒せという声はまったく出ず，そして自分たちで稼いで返すしかないとなりました。*〈リーダー，周知伝達役，企業家〉

さらに，大島氏が重要であると考えたことは，「教授・職員の意識改革と協力者の拡大」である。大島氏は，30～40歳代を中心に，医師・看護師・検査技師など院内から横断的に集めた約200名からなる23のワーキングチームを編成した。各チームに収入増加対策と経費削減について1つずつ具体的なテーマと1ヶ月という期限を与え，彼らに討議させ，結論を求めた。ワーキングチームが出した具体策のうち，経費をかけることなく簡単に実行可能で効果が上がりそうなものから，大島名誉総長がランクづけし，職員自ら目標を決めて文書にさせ，一気に行動に移させた。ワーキングチームの編成時には，大島名誉総長は全員を集め，自ら1人ひとりに辞令を手渡している。「今までとは何か違う」，「今度の病院長は本気だぜ」という空気を一気に広めたことが，黒字化に直結した。

(6) トラブル処理

■ 事例：医療事故の公表化と事故防止に対するリーダーシップ （国立長寿医療研究センター　大島伸一名誉総長）

医療技術の進歩・高度化により，医療に対する社会の期待が高くなっている。医療は不確実性が避けられず，期待した結果が得られないとき，不幸にも医療過誤訴訟に発展する場合がある。医療機関は社会的期待に応え安全な医療を提供すべく体制の整備が必要である。

大島名誉総長が名古屋大学病院副院長を務めていた2002年8月に起こった名古屋大学病院の医療事故[2]ではすべてを隠さずに公表し，初めて外部から委員を招き医療事故調査委員会を設置し，2ヶ月後には報告書をまとめた。その報告書は「隠さない，ごまかさない，逃げない」を理念として掲げた，名古屋大学病院医療事故防止対策マニュアルに基づき作成されたものであった。医療事故を完全にゼロにすることは，難しい。しかしながら，医療に対する社会の信頼を失わずに済むかどうかは，医療事故に向き合うトップ・マネジャーの姿勢によるところが大きいと大島名誉総長は語っている。

大島名誉総長

社会が医療や医師・病院に向けている目がどんな状況にあるのか，国民の中で医療の安全と質がどれほど重要な課題になっているかという認識が，病院のトップ・マネジャーには必要です。どんな病院であっても，事故がゼロということはあり得ないわけです。それに対してどう考えるのか。起こっていることは一緒だとしても，それが医療への信頼をなくすことになるのかならないのかによって全く問題は違います。つまり，「事故を事件にしない」ということが大切なのです。「隠す，ごまかす，逃げる」というのは犯罪者の心理であり，医療事故にかかわる医者も一歩間違うとそういう心境に陥りやすいものです。しかし，医者を犯罪者と同じようなとこ

2　2002年8月に名古屋大学病院でおこなわれた腹腔鏡手術中の大動脈損傷による死亡事故のこと。メディアでも大々的に報道された。

ろまで追い込むようなことをしたらもうおしまいです。この原則はそういう気持ちにさせないためのものとも言えます。すでに名古屋大学病院では医療事故防止対策マニュアルに則って，事故が起きたときにそこから何を学ぶか，起きたときの対応の仕方をどうするかを中心に，オープンに意見を交換・分析し，病院一丸となって安全対策に取り組みました。〈障害処理者，交渉役〉

医療事故を含め，医療業務上のトラブルは，その状況，背景は様々であり，個々のケースの比較は難しい。また，医療には結果の不確実性が避けられず，その原因が医療行為に起因するものか判断することは極めて難しい。大島氏の「隠さない，ごまかさない，逃げない」を理念として掲げた医療事故調査委員会の設置は，2002 年当時においては画期的なものであった。大島氏が閉鎖的な医療世界の価値観やアイデンティティで物事を考え行動する従来型のリーダーであったならば，到底，成しえなかったリーダーシップ行動である。

5.3 病院における変革型リーダーの特徴

繰り返しになるが，病院のトップ・マネジャーの具体的な仕事と役割は，⑴臨床医としての診療・手術，⑵医師・看護師の確保，⑶情報収集，⑷プロフェッショナルの評価と医療品質管理，⑸経営企画，戦略策定，意思決定，⑹トラブル処理，などが挙げられる。ここまでの調査で，病院のトップ・マネジャーは，それぞれの仕事において Mintzberg (1973) の 10 の役割を果たしていることがわかった。求められる病院の変革型リーダーは，専門職務にこだわり管理的職務は事務長に任せるような，「お飾り院長」ではない。Kotter (1982) が指摘するように，一般企業と同様，病院における変革型リーダーは，独自のネットワークを構築し，慣習にとらわれないアジェンダの設定と自らの役割創出をおこなっていることがわかった。

福山医療センターの岩垣院長は，地域医療機関だけでなく，大学医局の人事情報にも常に独自のアンテナを張り，情報を収集し，意見交換もおこなっている。ネットワーク構築の重要性について，次のようにコメントしている。

岩垣院長

やっぱり人（医師）は集めないといけないので，それは院長の仕事かなという気はしているよね。ネットワークが最も重要で，院長の仕事はネットワークづくりであり，そのネットワークを利用して医師を確保し，経営基盤を盤石化させようとするよね。今度，A 教授の後，B 先生が腎臓内科の教授になったじゃない。B 先生とも，以前，私が大学にいたときに，彼といろいろ共同研究をおこなって，3 つぐらい一緒に論文書いているかな。B 先生にお願いして，当院で糖尿病外来を開設するために，週 1 回から始まって，週 2，週 3，最終的に週 4 回まで，当院に専門医を派遣してくれた。来年 4 月から B 先生自身が来てくれることになっているよ。だからやっぱりネットワークが院長の仕事かなという気はしているね。

でも今から思えば，うちの研究グループの人たちを病理学の C 先生のところに派遣して，フローサイトメトリーとかを勉強させていた。今度，医学部長になった D も同級生。ウイルスの E 先生は僕の 1 級上で共同研究でお世話になった人。生理学の F 教授も大学の部活動の先輩だ。基礎研究の教室にも，昔からの友人，知人が沢山いたのよ。かつて研究内容について，その仲間に対して「どう思う？　どうしたらいい？」と，助言を得ていたというところがあったから，だから今回，院長になった後，かつてのネットワークを通じていろんな人にお願いするところはあったよね。

Kotter (1982) によれば，ネットワークを利用して，ヒト，モノ，カネ，情報を機能的に 1 つにまとめあげることが管理者の仕事である。有能なマネジャーは，戦略的課題をアジェンダとして設定し，その実現に不可欠な人々とネットワークを構築する。人的ネットワークが構築されていれば，順次，そのネットワークを通じてアジェンダが実施されていくと述べている。そのため Kotter (1982) は，有能なマネジャーの特徴として，(1)いつも人と過ごしていること，(2)その活動は断片化され，一見，場当たり的で無計画に過ごしていることを挙げている。一見，非能率的で不可解な日常行動であるとも言えるが，マネジャーが受動的に他者に接し，断片化した時間の中で仕事をおこなうのは，フレッシュな情報と多様な資源を広範囲に求めるためでもある。

病院，医療組織経営の特徴として，第1に，労働集約型のビジネスであるということ，さらに，高度の専門能力を備えた様々な専門職種から構成されるプロフェッショナル集団型であるということが言える。厚生労働省の医療経済実態調査（令和元年実施）によると，病院の人件費率は比較的比率の低い一般医療法人であっても 56.7 %，さらに公立自治体病院では 60.0 %と非常に高い比率となっている。まさに，人材の確保，適正な配置というものが経営の根幹になると言っても過言ではない。なかでも最も重要性が高いのが，医師の確保である。そのためには，トップ・マネジャーとして組織を代表し，組織外の人々と交流し，情報収集，また情報の発信者としての役割を果たし，人的なネットワークを構築する能力が求められる。

岩垣院長は頻回にオープンカンファレンスを開催することにより，病院職員に対し新たな知識の獲得や医療技術をアップデートするための機会を提供していた。一方，岩垣院長自身にとっても，自らのネットワークの構築や医師確保のための情報の収集に役立てていた。

2004 年に新医師臨床研修制度が導入されて以降，大学医局の医師派遣能力が低下したにもかかわらず，依然，医師確保のためには，大学医局との関係性の維持は地域医療機関にとって重要であり，人事情報の収集は病院トップ・マネジャーにとって大きな役割である。伯鳳会グループ赤穂中央病院の古城理事長も，同様に人材確保のための，人事情報，交流の重要性について以下のようにコメントしている。

古城理事長

僕も勿論，盆暮れには医局を回って挨拶はしているよ。それから，外から売り込みがあった人に面接もするし，医者に限らずいろんな職種にも配慮して，僕自身，人を大切にしてないとは思ってはいない。リクルートだって自らやりますよ。

Kotter (1982) はマネジメントとリーダーシップを明確に区別した上で，既存のシステムを動かし続け，複雑な状況にうまく対処するのがマネジメントであり，一方，効果のある変革を生み出すのがリーダーシップであるとの認識を示している。両者は異なる目的をもつが，相互に補完し合う関係にあり，組織を動かす人間はマネジメントとリーダーシップの両方の責任を負わなければならないと主張する。Kotter (1982) と金井 (1991) は，変革型マネジャーは，ネットワーク構築とアジェンダ設定，戦略的課題の提示と連動性の創出と活用などの能力を獲得していることを明らかにしている。

前節でも紹介した大島名誉総長が，名古屋大学病院における法人化移行前での大学病院経営改革や医療事故の公表化と事故防止対策で示した行動は，まさに変革型リーダーとしてのリーダーシップ行動であった。単に院長という立場になったというだけの理由で，このようなリーダーシップを発揮できたのではない。また，決してこれまでの慣習的な価値観やアイデンティティに基づいた行動ではなかったと考えられる。一朝一夕にこのようなリーダーシップ行動がとれるはずはない。第3章で述べたように，Lord & Hall (2005) は，Brewer & Gardner (1996) によるアイデンティティの三水準モデル（個人，関係，集合）を援用し，リーダー・アイデンティティの発達過程を捉え，リーダーは自らのアイデンティティを個人的アイデンティティから関係的アイデンティティ，集合的アイデンティティへと発達させていくと仮定し，アイデンティティの変容に伴い，リーダーシップ機能の質的変容が生じているとした（田中，2013，2014）。次節では，医師のキャリアの歩みの中で，変革型リーダーへの発達をアイデンティティの変容の側面から事例をあげて考察したい。

5.4 病院におけるリーダーの発達とアイデンティティの変容

臨床医は日常診療においてチーム医療のリーダーとして行動しているが，病院の経営管理に直接関与することは少ない。しかしながら，診療科長，院長と職階があがれば，リーダーとして求められるものも変化する。病院のトップ・マネジャーである院長は医学と管理という2つの境界領域で仕事をおこなっている。管理職務に関して，どのような役割を，どの程度おこなうか，さらには，管理職務を遂行する方法においても選択の余地があり，管理者により異なってはいるが，今回インタビューをおこなった，変革型リーダーとして活躍しこれからの時代に求められる病院のトップ・マネジャーは，専門職務にこだわり管理的職務を事務長に丸投げするような行動はとってはいない。

Hill (1992) は，マネジャーになることは実務者から管理の初心者への役割の移行であり，アイデンティティの転換をともなうとその著書で述べている。筆者が行動観察した福山医療センターの岩垣院長は，事務的作業をしているとき，また，事務方や病院幹部との会議では，院内であっても白衣を着用していない。筆者自身，大学病院で臨床医として診療し，また准教授として教育，研究を担っているが，朝，出勤し，ロッカーから白衣を取り出し一旦着用すると，通常，院内にいる限り勤務中に白衣を脱ぐことはない。白衣とは，機能的にみれば，医師が自分の身を守るために着用するという目的がある。診察・処置中に患者の血液や排泄物が自分自身に飛び散る場合があり，それらからの感染を防ぐために白衣を着用するのである。また，白衣はユニフォームの役割を果たす。病院や医療機関の中では，所属する職員であるか否か，一見してわかるという利点がある。また，歴史的にみても白衣は，博愛，純潔，清潔を象徴し，ヒポクラテスの誓詞で結ばれるプロフェッショナル集団としての誇りであり，患者からの信頼の象徴でもある。岩垣院長は，管理業務をおこなう際には，臨床医としてのアイデンティティを象徴する白衣を脱ぎ，アイデンティティを転換させて院長としてマネジメント業務に集中するのである。白衣を着脱することにより，医学と管理との境界を行き来しているのである。

病院におけるリーダーの発達において，医師は経験学習により知識，能力を獲得し，その機能を量的に発展させていくだけでは十分ではない。トップ・マネジャーになれば，アイデンティティの水準も個人的アイデンティティ，関係的アイデンティティ，集合的アイデンティティと高い水準へと変化させ，リーダーシップ機能も変容させることが求められる（Lord & Hall, 2005；田中，2014）。

本節では，国立長寿医療研究センターの大島伸一名誉総長と岡山医療センターの青山興司名誉院長の，臨床医，診療科長，トップ・マネジャーへと進むキャリアの歩みの中でのアイデンティティの変容とそれに伴うリーダーシップ機能の変化を記述する。

5.4.1 プロフェッショナル・アイデンティティの確立とリーダー・アイデンティティの萌芽

アイデンティティとはErikson（1950）が青年期の発達課題として挙げたものであり，青年は様々な危機に直面し，「私は何者か」というアイデンティティの問いを投げかけられる。青年期において最も大きな危機は職業選択であり，職業などの「基本的な人生への関与」の諸側面はアイデンティティ形成のひとつの重要な指標になるとしており，職業決定は青年期後期の最も重要な発達課題である。医師という国家資格を得るためには大学医学部卒業が必須の条件となるため，必然的に医師という職業選択は，大学医学部入学時となる。多くの医師にとって高校生から大学生時代はプロフェッショナル・アイデンティティを形成する前の重要な段階であると言える。本書の第2章2.4節，第3章3.3節で記したように，医学部を卒業し，臨床医になったものは皆，患者診療を通じ，知識や技術の習得に励み，経験学習を繰り返

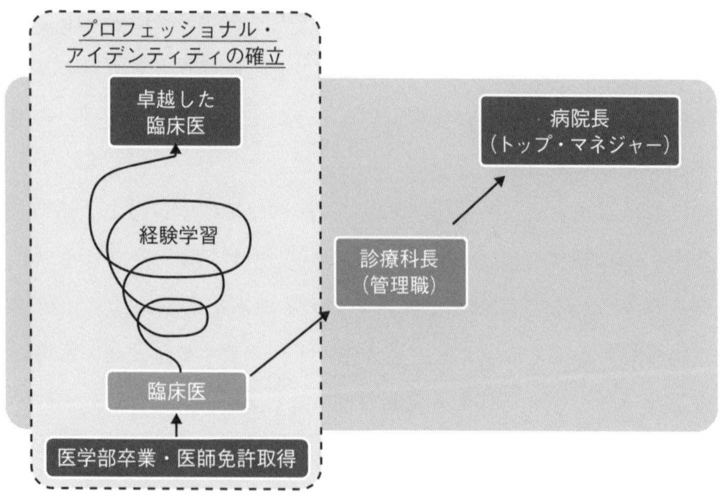

図 5-3　医師のプロフェッショナル・アイデンティティの確立

すことにより，卓越した臨床医になること目指すのである（図 5-3 の点線枠部分）。また，診療技術を磨くだけでなく，ヒポクラテスの誓いに代表されるように，倫理的思考や行動についても，キャリア早期から徹底的に刷り込まれ，プロフェッショナルとしての矜持の涵養に努めるのである。

国立長寿医療研究センターの大島伸一名誉総長は，その略歴（第 4 章 4.3 節参照）からみてもわかるように，医学部を卒業して 27 年，一度も大学病院で勤務することなく，名古屋大学教授に就任した異色の経歴の持ち主である。さらに驚くべきことに，名古屋大学医学部教授就任後 3 年で，大学病院副院長，5 年で病院長に就任し大学経営改革を成し遂げた変革型リーダーである。院長になる経緯はたたき上げパターンに属する。父を早くに病気でなくし，母子家庭で育ち，大学進学を前にした進路選択において，勉強だけでなく，人間として実力で勝負できる世界が医学であると考え，医学部への進学を選択した。名古屋大学在学中より，大島名誉総長の父が懇意にしていた社会保険中京病院泌尿器科医である太田裕祥氏[3]の薫陶を受けた。当時，腎不全は死に至る病気であり，血液透析は保険適用でなく，ようやく中京病院でも透析医療が導入されたばかりの時代である。そのような時代に，医学部を卒業する前から，腎移植医となることを志したのである。

大島名誉総長

中学校に入るときには父親は死んでいて母子家庭だった。そういう環境の中で，どういうわけか分からないけれども，思春期は，けんかばかりの毎日だった。とにかく，負けず嫌いだった。中学校のときは，もちろん，運動も勉強も一切負けたくないということで勉強もした。成績もずっとトップクラスであった。3番から落ちたことはなかったのが，進学校である高校に入ったら，周りはすごく勉強のできるやつばかり。勉強だけでは勝てっこないと挫折感を味わったが，「いかに人生，人間としての実力で勝負できるか，そっちの方が大切だ」と，半ば言い訳ではあるがあっさり方向転換した。

進学校だったので，誰も生徒会長なんてやりたがらんのですよ。結構，あぁだこうだと言うほうだったから，「おまえが生徒会長をやれ」と乗せられて生徒会長をやった。人をどういうふうに動かすとかどうとか，何かを組織するとかというようなことについては，未熟なりに一生懸命，生徒会活動をやっていましたよね。

大島名誉総長の「誰にも負けない」という自負心は，進学校の高等学校への入学後，勉学において鼻をへし折られたはしたものの，「人間としての実力で勝負する」という気概は生涯のものとなり，生徒会活動を通じてリーダーシップとともに醸成された。

次に，岡山医療センターの青山興司名誉院長について述べる。青山名誉院長もその略歴（第4章4.3節参照）からわかるように，大島名誉総長と同じく院長になる経緯は，たたき上げパターンに属する。青山名誉院長が幼少の

3　太田裕祥（おおたやすよし）氏
社会保険中京病院名誉院長。昭和22年中京病院皮膚泌尿器科部長となり，1963年副院長，1974年院長を歴任した。

3 歳時，外科医であった父と死別し，母子家庭で育った。親戚を含め周囲に医師が多い環境で育ったため，自然と医師という職業を選択した。生来の子供好き，また，外科医であった父への憧れもあり，小児外科を志した。しかしながら，当時，小児外科医療は診療科として独立しておらず，岡山大学にも小児外科は診療科として存在していなかった。そのため，1968 年医学部卒業後，国立岡山病院で小児科医として研修を開始し，大阪市立小児保健センターで小児外科のトレーニングを受けた後，1974 年に国立岡山病院に戻った。卒業後 6 年という若い年齢で，小児外科を開設し，初代の診療科長に就任した。小児外科という診療科組織を自らの手で構築していくことになる。小児外科開設当時，年間手術数は 130 ～ 140 例であったが，その後の 30 年で，手術件数は年間 600 例と増加し，所属する小児外科医も 6 人となり，岡山県の 7 ～ 8 割の小児外科疾患を担当する組織にまで成長させた。

大島名誉総長，青山名誉院長，両者ともに母子家庭で育ち，医学を志したという境遇，さらに，医学部に在学中という早い時期において，それぞれ腎移植，小児外科と専門性の高い診療科を自ら選択している点が共通している。大島氏の場合，当時，日本では腎移植は黎明期であり，一般的な治療法としては確立していなかった。そのため，卒後間もない若い医師が「腎移植」をやりたいと言っても誰からも相手にはされず苦悩の日々を過ごした。しかしながら，同氏は「どうすれば移植医療を確立できるか」を医師人生の命題と決めたと語っている。当時としては，腎移植，小児外科ともに独立した診療科として確立されておらず，大島氏，青山氏の両氏からは，それぞれの領域で自らがパイオニアになりたいという強い意志が感じとれる。リーダー・アイデンティティの萌芽とも言える時期であり，これらキャリア早期のリーダー・アイデンティティの水準（e.g. Lord & Hall, 2005）は，個人的アイデンティティである。

臨床医であるこの時期に，将来トップ・マネジャーとなるような医師はどのような行動をとったのであろうか。大島名誉総長が腎移植のパイオニアになることを目指し，腎移植手術手技を習得するためにとった行動を，以下に記述する。

大島名誉総長

最初は安易に考えていたところがあって，移植をやり始めているところへ行って教えてくれとやるわけですよ。すると，ほとんど門前払いですわ。一体，何を考えているんだと，ほとんど門前払いですよ。

大島名誉総長が周囲から相手にされなかったのは，彼が若く実績がなかったせいもあったが，実際，当時の日本には，腎移植を教える人材はなく，それを支える環境が整っていなかったためである。

大島名誉総長

ごたごたいっていてもしょうがないから，米国へ向かった。デンバーにいる名古屋大学の先輩である岩月先生が来年に日本に帰ると聞いたので，「日本へ帰ってから頼むから教えてくれ」と懇願し，了解を得た。岩月さんは，私より5つ上ですから，そんなに大ベテランでもないのだが，Dr. Starzl のところで修行をずっとしてきた人だから。

大島名誉総長はピッツバーグ大学の移植外科の世界的権威である Thomas E. Starzl 教授[4]の右腕として活躍していた岩月舜三郎氏を訪ねた。そこで，腎移植手術を教えてもらいたいと岩月氏に懇願し，師事することになったのである。移植手技だけでなく，外科手術のイロハ，医師としての心構えまで1年半みっちり彼から手ほどきを受けたと大島名誉総長は語る。彼の後先考えずに米国の岩月氏の門を叩いた行動は，彼の個人的アイデンティティの強さをあらわしている。

4　Thomas E. Starzl (1926-2017). 臓器移植の父と称された外科医。1963 年米国コロラド大学で世界初の肝移植を実施した。1981 年ピッツバーグ大学教授に就任し，移植医療の国際的リーダーとして活躍。藤堂省北海道大学名誉教授ら，多くの日本人移植医を指導した。

このように，大島名誉総長や青山名誉院長は，臨床医として駆け出しの頃から，それぞれ移植医療，小児外科をこころざし，他の医師とは異なる役割を担った存在として，個人的アイデンティティを顕在化させた行動をとっている。今回インタビューしたトップ・マネジャーに限らず，多くの医師はプロフェッショナルとして，その領域のリーダーとなることを目指し，臨床医のこの時期において自らの医療技術を向上のため修練し，経験学習を重ね，プロフェッショナル・アイデンティティを強化するのである。

5.4.2　診療科長にみられるアイデンティティの変容と行動

病院組織において，医師はそれぞれ，専門別に入院・外来患者の診療を担当する部署である「診療科」に属している。各診療科に属する医師の数は，病院の規模，性質によって異なるが，本研究で対象とした病院では，数人から多くても 10 数人程度である。診療科に所属する医師はそれぞれの専門性を活かしながら，患者診療に従事する。一定年数の修練を積んだ医師の中でも優れた診療技能を有する医師が，診療科を代表する「診療科長」になる。

病院の組織は診療部門（診療科）以外にも，看護部，薬剤部，放射線部などメディカルスタッフ各部，事務部などから構成されている。医師，看護師，薬剤師，放射線技師などの資格別に部署が設定されているため，病院の組織体制はしばしば「縦割り」と表現される。そのため，診療科長は，部署間の垣根，プロフェッショナルとしての性質や役割の違いを越えて，職種間の情報共有や連携をすすめ質の高い医療を提供するため，チーム医療のリーダーとしての役割も求められる。

つまり，診療科長は，自らの優れた診療技能の自己利益を追求する行動だけではなく，その能力をチーム医療の長として患者利益や診療科全体の利益に供するよう行動することが求められる。優れた診療科長は，個人的アイデンティティから，特定の他者のための利益追求が行動のモチベーションとなる関係的アイデンティティへとアイデンティティが変容し，高い水準でのリーダーシップ行動をとるようになるのである（図 5-4 点線枠の部分）。

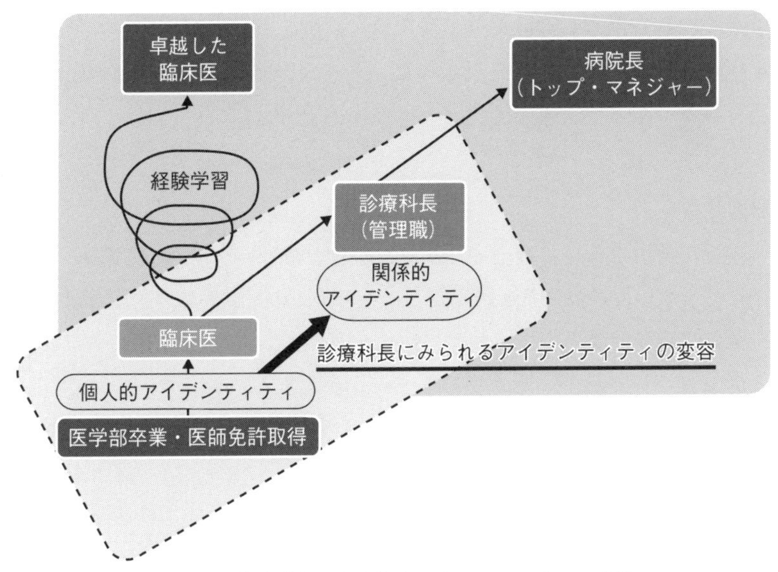

図 5-4　診療科長にみられるアイデンティティの変容

以下に，大島名誉総長，青山名誉院長の事例を分析し，個人的アイデンティティから，関係的，集団的アイデンティティへ変容することにより顕在化したリーダーシップ行動を紹介する。

■ 事例：個人的アイデンティティから関係的アイデンティティへの変容を示すリーダー行動（国立長寿医療研究センター　大島名誉総長）

上記では，大島名誉総長の腎移植手技を習得することを目的とする個人的アイデンティティを顕在化させた行動を紹介した。診療科長になり腎移植診療の責任者となった同氏は，個人的アイデンティティから関係的アイデンティティへと自己水準を高めた行動をとっているので述べたい。

同氏は腎移植医療を確立するために，自らの手術手技を磨くだけでなくキャリア早期から腎移植チームを構築した。そして卒業後 4 年目の 1973 年 9 月に，第 1 例目の腎移植を社会保険中京病院で実施した。医療において，とくに移植治療においてはチーム医療が不可欠である。しかしながら，腎移植は当時，まだ確立した医療ではなかったため，若い大島氏が，腎移植チームを一から作らなければならなかった。チームを作るための医師の勧誘や自らのリーダーシップスタイルについて，次のように語っている。

大島名誉総長

社会保険中京病院において腎移植を始めた当時，ウロ（泌尿器科）を専門にやっていたのは，私と副院長と，もう1人の先輩医師。副院長は当時，実際に自分では手術をほとんどやっていませんし，もう1人の先輩も積極的ではない。私が，走りまくって何もかも1人でやっているような状況だった。なかなか移植の成功率をあげられない日々が続き，24時間病院に張り付いて患者を診ているような生活だった。

そのような状態で，そのときも私のすぐ下の医師，その次の下，それから，その次の下，要するに3年続けて名大を卒業した若い研修医を「お前は，大島と移植をやるために医師になったのだ」，となかば強引に中京病院の泌尿器科に引き込んだ。腎移植医があわないと思ったなら，大学に戻って「大島に騙された」と俺のせいにして，普通の泌尿器科医に戻ればいいと。

自らのリーダーシップスタイルを，「一切の妥協を許さない大島スタイル」と呼び，大島名誉総長は次のように語っている。

手術というのは1人ですべてできるわけではなくて，チームとして完璧にできる技術と態勢を作ることが非常に重要です。しかも，術者が最良の気持ちで手術に臨める1つのリズム（流れ）をいかに作り出すかは，完璧に，かつ安全に手術を行うためのきわめて重要な条件だと，私は思ってきました。医療行為の中でも手術現場は想定外の事態が起こり，それが一気に非常に深刻な事態に繋がる可能性が高いところです。ですからスムーズに目的通り行くのは当たり前で，1つ間違えたらどうなるかということが常にあり得るんだと，中途半端に考えないことが，まず基本になります。「ま

あいいや」，「いろいろあるよな」，「運が悪かったね」という言葉を私は自分にも他人にも絶対に許しませんでした。術者である私のみならずチーム全員が最大のテンションで最高の技術を発揮することを常に求めましたので，イメージ通りの手術をおこなうために一切の妥協を許しませんでした。患者さんのためという大義を振りかざして自分のわがままを通すわけですから，手術室のスタッフにはずいぶんと高い緊張感を与えてきたと思います。(『Medical Torch：外科医のための現場と症例』1(1)，2015のインタビュー記事から引用)

医師になって5年目，腎移植を10数例経験したところで，指導者である岩月氏が米国に戻ると，大島名誉総長は，文字通り移植チームの責任者になった。

あのときほど手術室に行くのが怖くて怖くて，あんなに怖くて仕方がなかったことはないですね。上には誰もいないわけですから，何かあればみんなが私の顔をみますし，すべての責任が私にきます。常に魂がピリピリしっぱなしの状態で，その結果，一切妥協しないという自分のスタイルができあがったと思います。その姿勢を中京病院時代はずっと通しました。(『Medical Torch：外科医のための現場と症例』1(1)，2015のインタビュー記事から引用)

大島名誉総長は社会保険中京病院において腎移植診療を開始し，比較的キャリア早期から診療科長として，腎移植，小児外科領域のパイオニアになるべくリーダーシップを発揮している。とくに自らのチーム，組織の構築という点においては，医師になった当初から意識も高い。診療科長になる前から，アイデンティティの水準も，個人的水準から関係的水準へとレベルの上昇を示唆するリーダー行動をとっていることがわかる。

■ 事例：集合的アイデンティティへの変容を示すリーダー行動（国立長寿医療研究センター　大島名誉総長）

第１例目の腎移植を無事に終えた大島名誉総長は，腎移植チームを拡大し，維持し，さらには患者に質の高い医療を提供するためには，まず診療科としての経済的基盤を確立することが重要であると考えた。病院経営における腎移植診療という視点に立つこの考え方は，集団の繁栄や成長が行動のモチベーションとなる集団的アイデンティティに基づいている。

大島名誉総長は，泌尿器科の患者数を増やすことにより，10年間で泌尿器科の病床数を，6床から10倍の60床の規模にまで増やすことに成功した。病床数の増加はそのまま診療科の売上や利益に直結する。「売上，利益をあげることにより，院内での泌尿器科の発言権も増し，腎移植診療体制の経済的基盤を構築することができた」と語っている。

大島名誉総長

移植するには技術がなければいかんし，環境の整備も必要。これらは最低条件だけれども，お金がないと駄目ですよね。お金は，じゃあどうすればいいのかといえば泌尿器科全体の患者を増やすしかない。移植だけでは，儲かりませんから。やりたいことをするためには病院の稼ぎ頭になること。

泌尿器科の病床数を増やすには，手術件数を増やさねばならない。しかしながら，当時の泌尿器科は週１日，しかも午後１枠の手術枠しか割り当てられてはいなかった。これでは，手術件数，患者数を増やしようがないと考えた大島氏は次のような行動に出た。

大島名誉総長

手術室がどれだけ稼働しているのかと，ずっと１週間調べると，次に，１ヶ月間ぐらい調べた。よく見ると手術室が使用されていない空隙がある。その空いているところを，少しずつ使わせてもらうようお願いする

と，病院側も空いている手術枠を埋めてくれるので，どんどん使わせてくれた。同じように，空きベッドもよくみればたくさんある。病棟フロアが異なっており，飛び飛びであるがいくらでも空いている。空いている病床をどんどん使わせてもらった。それを続けていると，病院側も，泌尿器科には平均20人以上が毎日入院しているにもかかわらず，泌尿器科に割り当てられたベッドは5床しかない。これじゃ無理だと病院は判断したのか，病棟フロアの半分以上数のベッドが泌尿器科に割り当てられた。病院側としても，泌尿器科のベッド数を増やせば儲かるからね。

病院の稼ぎ頭になれば，若い医師もどんどん集まってきた。手術件数も増えれば，学会発表，論文発表も増えたので，海外への学会出張も病院は認めてくれた。そうなれば，若い連中もやる気がどんどん出てくるよね。

大島名誉総長は「腎移植をやりたいと言っても誰からも相手にはされなかった若い頃から，どうすれば移植医療を確立できるかを常に考えていた」と語る。彼が腎移植医療を確立するために必要と考えたことは，⑴腎移植手術手技の習得，⑵移植チーム，組織の構築，⑶経済的基盤の確立，であり，この3つのことを成し遂げるためリーダーとして行動した。最初は移植の手技を身につけたいという個人的アイデンティティからはじまったが，徐々に周囲を巻き込み，移植チームを構築する過程で，彼のアイデンティティは，関係的アイデンティティに高められていることがわかる。さらに，移植チームを持続的に成長させるために経営基盤の確立をめ意識した行動は，「自分が」という意識ではなく，「我々が」，「我々のチームが」という，より高い水準の集合的アイデンティティに基づくリーダーシップ行動である。同氏はキャリアの早期から経営者的視点をもち，一切妥協を許さない「大島スタイル」と呼ばれる独自のリーダーシップを確立している。このように早い段階からリーダー・アイデンティティの水準が集合的アイデンティティの水準で行動していることは注目すべきことである。

■事例：個人的アイデンティティから関係的アイデンティティへの変容を示すリーダー行動（岡山医療センター 青山名誉院長）

次に，青山名誉院長の事例である。同氏の臨床医から診療科長時代におけるアイデンティティの変容を，先天性胆道閉鎖症に対する肝移植診療を確立させるためにとった行動の中にみることができる。

1992年8月当時国立岡山病院（国立病院機構岡山医療センターの前身）小児外科医長だった青山名誉院長は，一般病院では全国ではじめて，生体肝移植手術を実施し，成功した。患者は1歳男児。生まれつき肝臓と十二指腸をつなぐ胆管が機能せず，肝臓で作られた胆汁を腸管へ排泄できない先天性胆道閉鎖症であった。約1万人に1人の割合で発生し，当時，治療を受けなければ半年から1年の生命予後と診断されていた。同氏は，男児の肝臓を切除し，30代の母親が肝臓の一部を提供する生体肝移植手術を決断した。日本では，1989年に島根医科大学での第1例目が施行されて以降，全国でそれまで57例が実施されていたが，すべて大学病院でおこなわれていた。同氏は，「助けるには移植しかない」と決断し，国立岡山病院において，計12時間にもおよぶ手術をおこない，成功させた。肝移植成功に至るまでの過程，苦労を青山は次のように語っている。

さかのぼること1982年，まず青山氏は，肝移植技術を習得すべく，米国はピッツバーグ大学へ向かった。

青山名誉院長

> *医学部を卒業して14年，1982年当時，胆道閉鎖症は不治の病でした。米国ではすでに肝移植が行われており，ピッツバーグ大学の移植外科の世界的権威であるThomas E. Starzl教授（本章脚注4参照）に教えを請うべく，後先考えず彼の元へ向かいました。ピッツバーグに到着してすぐに，胆道閉鎖症の肝移植手術に助手として参加させてもらったのだが，驚いたのはその執刀医は，まるで胃切除を行うように，ごく普通の手術をおこなう気持ちで肝移植をしているんですよ。僕は興奮しているのに，ピッツ*

バーグの人たちは興奮がないわけです。これはすごいことだと。「これは絶対に定着をする手術だ」と思いました。

ピッツバーグから岡山に戻った青山名誉院長は直ちに，肝移植を想定した動物実験を国立病院内で開始する。

青山名誉院長

もうこれは苦労の連続でした。大学とは異なり，全く設備もない，お金もない，何にもないところから肝移植の動物実験を始めました。とにかく肝移植手術に熟達せにゃいけんと思いまして，必死です。もう時効ですが，国立病院の地下室を少しだけ整備して，そこを実験室にして，日常診療が終わってから実験を始めます。19時ごろから始めて，終わるのは夜中の3時，4時ぐらいです。僕の小児外科のグループが4～5人おりましたから，その4～5人で実験を行いました。一番困ったのは，ブタの値段が高いことです。今でも覚えていますが，当時ブタが1匹2万7000円もしました。輸血用のブタを含め1回の実験で計3匹のブタが必要になります。それが全部僕の持ち出しです。さらに，普通の日常診療をやりながらの実験なので，夜中の3時，4時に実験が終わっても，また朝からは普通の日常診療が始まるわけです。それでも週に1回，1年半ぐらい続けました。もうそれは苦労しました。今から考えればお笑い種のようですが。

青山名誉院長は医師になり，小児外科というこれまでなかった診療科を志した。他の医師とは異なる役割を担った存在としての個人的アイデンティティを確立した。小児外科医としての経験を重ね，さらに診療科長となり，自らリーダーとして肝移植という新規医療に取り組むことを決意した。単に眼前の患者を治したいという自己の視点では，診療科全体で新規医療に取り組むことはできない。リーダーとして多くのフォロワーの能力，性格を統合できる関係的アイデンティティへと水準があがったため，周囲を巻き込み動物実験に没頭し，チームとして肝移植医療にチャレンジできたのである。

■事例：集合的アイデンティティへの変容を示すリーダー行動（岡山医療センター青山名誉院長）

青山名誉院長は，医師になってから30年近く勤めた国立岡山病院を辞し，1997年に川崎医科大学小児外科学の教授に就任する。それまで国立岡山病院小児外科開設時より，診療科長としてキャリアを積み，組織を構築したにもかかわらず，アカデミアへの転身を決意したのには，どのような理由があったのであろうか。

青山名誉院長

川崎医科大学から「ちょっとおいでよ」という話になって。川崎に行くときに本当は迷いました。なぜかというと，国立病院では何もしなくても患者さんが来るような状態だった。組織もできていたし，楽しくやっていましたから。ただ，一度は学生教育をやってみたいという気持ちが強かった。医学生を教育する経験がなかったから。まあそれに，軽いノリでいっぺん教授をやってもいいかなと。

青山名誉院長のアカデミアへの転身は，彼自身小児外科を学問として捉え，新たなチャレンジをしたいという希望もあったのであろうが，一番の目的は，学生指導を行い，後進を育てたいという気持ちが一番であったようだ。

青山氏が教授に就任した川崎医科大学は，有能にして社会の要請にこたえ得る医師を養成することを目的として建学され，良医を世に送って社会福祉に貢献し，医学の進展に寄与することをミッションに掲げている（同大学ホームページより）。在学生の多くは開業医の子弟である。青山氏は，川崎医科大学赴任後まもなく，国家試験対策担当教授となり，卒業生の国家試験合格率アップを任されることになった。青山氏が，まず学生に対しておこなったのは，「100人面談」である。

青山氏は，彼が受けもつ医学部6年生100人全員に面談を行っている。1

人あたり１時間，2，３ヶ月間かけて面接をおこなった。学生１人ひとりの入学後５年間の試験成績資料を青山自ら作成し，その資料をもとに各自の弱点を分析し，個別指導をおこなった。その指導は学業だけに留まらず，生活指導にまで及んでいる。過去の国家試験担当教授はそのような指導はしておらず，すべて青山名誉院長独自の指導法である。

青山名誉院長

教務課に行って１年～５年までの試験のデータを全部ピックアップさせた。教務はちょっと嫌がるのですが，全部出してもらって，成績表を全部自分で作るんです。１年～５年生時までの成績表を作って，「あなたは今，ここの段階におるから，これじゃ国家試験危ないよ」とやっていた。それでも勉強しない学生に対しては，「あんたは，朝は何時に起きて，何時に勉強して，何時に飯を食って」という日課表を作った。100人の面談をやるには，２ヶ月かかります。昼からずっと，夕方からずっとやっても，遅くまでかかる。１人１時間以上かけるでしょう。ものすごい時間がかかりましたよ。それで，そのときに生活指導までせにゃいけんことがわかったわけです。

青山名誉院長の指導は，学生だけに留まってはいない。試験問題を作成する教授達にまで及んだ。各科の教授達は国家試験とは全く関係ない分野や，自分たちの専門性や興味に偏った試験問題を作成する教授も多くいた。当然，反発する教授も多くいたが，全く意に介することなく自分のやり方を貫いたと語っている。

青山名誉院長

試験問題作成後に，各教授に解説を義務付けました。おかしな問題があれば，「あんたはこれを何の意図で出した」，「再度作り直せ」というわけですから，そりゃあ，教授連中も怒るでしょう。

青山名誉院長は自分の担当する小児外科に臨床実習として回っている学生5～6名に関しては，朝早くから夜遅くまで，医局員たちとともに患者を診ながら過ごした。学業を教えるだけでなく，医師の生活そのものをみせることで，コミュニケーションをとり，人間関係を構築した。その結果，前年52％であった医師国家試験合格率は，92％にまで上昇した。

青山名誉院長

> *卒業する前に学生が僕のところに来て，部屋に来て，「先生，ちょっと写真を撮らせてくれと」と言うんです。「いいよ」と言って，「はい，ピース」って，「後ろ向き」と言って，「ピース」と言うて写真を撮ったんです。それがこれ（図5-5）。川崎医大の卒業アルバムの表紙の写真撮影だったんです。僕は最初にこれをみたときは驚きました。おちょくられたのかと思ったけれども，もう今は宝物です。*

青山名誉院長は川崎医科大学の教授に就任し，若い医師の卵を育てることに傾注し，また徹底した態度で臨んだ。同氏が実践した学生教育の基本姿勢は，⑴小児外科の診療をみせる，⑵医療することの楽しさを伝える，⑶学生

図 5–5　指導した医学生たちから青山氏に贈られた卒業アルバム

出所：青山名誉院長所蔵のアルバムを筆者が写真撮影

のためにできるだけ時間を割く，(4)学生からも評価を受ける，の4つである。診療するだけの医師から，次世代の医師を育てる役割を担うことになり，多面的な自己をもつようになった。アイデンティティもさらに高い水準である集合的アイデンティティで統合されるようになったことがわかる。

5.4.3 病院の変革型リーダーにみられるアイデンティティの変容と行動

第2章2.4節で述べたが，病院のトップ・マネジャーは，医学と管理という2つの分野の境界領域で仕事をしなければならない。また，現在の病院経営，ひいてはヘルスケアシステムの問題の多くは，この境界領域で起こっている。これはしばしば医療の質と医療費とのトレードオフの関係になり，ときに，患者のニーズに応える立場と組織を守るための立場との価値が対立することがある。病院のトップ・マネジャーはこれらの問題に常に直面する。臨床医であれば，患者に最善を尽くすことだけに集中すればよいが，トップ・マネジャーは組織の利益だけでなく，すべてのステークホルダーの利益を考えなければならない。当然，求められるアイデンティティも臨床医や診

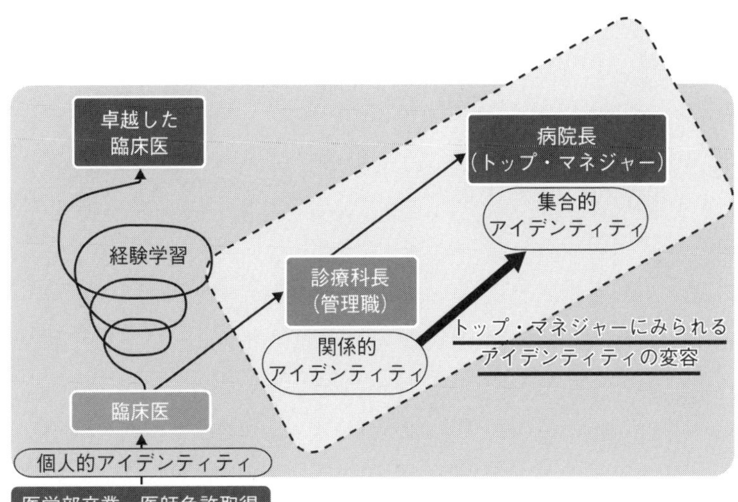

図 5-6 病院のトップ・マネジャーにみられるアイデンティティの変容

療科長のそれとは異なってくる。

トップ・マネジャーとなった医師は，プロフェッショナルがプロフェッショナルとしての役割を維持したまま，リーダーとして病院経営においても戦略策定やその実行において責任を果たさなければならない。トップ・マネジャーになる経緯は第2章でも述べたが，通常，医師のなかでも優れたプロフェッショナルとして実績をあげた医師が，トップ・マネジャーに就任する。今回調査対象とした病院のトップ・マネジャーは皆，変革型リーダーとされる院長であるが，彼らはどのようなアイデンティティでリーダーシップを発揮していたのであろうか（図5-6）。国立長寿医療研究センター 大島名誉総長，岡山医療センター 青山名誉院長の事例から分析を試みたい。

■ 事例：高い水準の集合的アイデンティティに統合化されたリーダー行動（国立長寿医療研究センター 大島名誉総長）

大島名誉総長は，献腎腎移植件数では全国トップの症例数を誇り，腎移植の第一人者としてのポジションを築いていた。中京病院において，周囲から嘱望され次期中京病院院長が約束されている中，名古屋大学へ教授として戻ることになった。このような人事は当時では異例の人事であった。というのも，大島名誉総長は医学部卒業後，一度も大学や大学病院で研究，診療，教育をおこなった経験がない。これまでのキャリアの大半が市中病院勤務でありながら，国立大学の教授選考で大きなポイントとなる論文数やインパクトファクター[5]においてもこれまで十分な実績を積み上げてきていたことは驚嘆に値する。

大島名誉総長

移植はチーム医療なので，若い医師を惹きつけなければならない。どうす

5　特定の学術雑誌に掲載された論文が特定の年，期間内にどれくらい頻繁に引用されたかを平均値で示す尺度のこと。雑誌の重要度，影響度の指標となる。研究者や大学教員の人事評価において，発表した論文のインパクトファクターの合計点数が用いられる。

れば，若い医師を惹きつけ，やる気を出させられるかと言えば，自分たちのやっていることを学問にしなきゃいけないということを初めから考えていました。はじめは，論文，とくに英語論文の書きかたなど何も知らず，手探りでした。見よう見まねで必死になってやって，ただ1年，2年やっているうちにそれも慣れてきますよね。だから，学会はとにかく，とくに日本泌尿器科学会や日本移植学会には，必ず所属医師全員が演題発表をおこない，すぐにそれらを論文化するということを自ら義務と課しました。

大島名誉総長が名古屋大学病院長に就任した当時，大学の自主性を尊重しつつ，競争的環境の中で世界最高水準の大学育成を向けた国立大学の法人化へ向けた動きが活発になっていた。国立大学も独自性を求められ，多様性のあるリーダーを必要とする時代が到来し，異色の経歴をもつ大島名誉総長のような人物が求められたと言える。大島名誉総長は前述の通り，名古屋大学医学部教授就任後3年で，名古屋大学病院副院長，5年で病院長に就任し，多額の赤字を抱える大学病院経営の改革を任されることになったのだが，大島名誉総長も「一時代前であったら，私のような者を大学が呼び戻すことはなかったであろう」と語っている。

彼が経営改革をおこなうにあたってまず実行したことは，「患者中心の医療を行うこと」である。そのために，人事面においてこれまでの慣習を打破した。院長就任前に自分が主宰する泌尿器科では実行していたが，彼は，所属医局員に対し，患者中心の医療を徹底させ，他病院でのアルバイト診療も減じ，大学での診療，研究に集中する体制を整えた。その結果，最初の2年間でもといた医局員の半数が入れ替わり，「大島が追い出したと陰口を叩く者もいた」と大島名誉総長は語る。また，名古屋大学病院長就任後は，各医局において，昔からの慣習による教官の割り振りを一切廃止し，教官数を診療実績に比例させた。これらの人事改革は，医局講座制の打破であり，これまでの慣習にとらわれることはないという覚悟を内外に示した行動である。

大島名誉総長がおこなった名古屋大学病院の改革については，本章5.2節において詳述したが，院長に就任したばかりの大島名誉総長は，法人化前に赤字を一掃する宣言をし，具体的な目標と期限を設定した。人事の刷新による教授・職員の意識改革と協力者の拡大をはかり迅速に実行した。また，「隠さない，ごまかさない，逃げない」を理念として掲げることで，医師，コメディカルだけでなく全職員に対し意識改革を求め，医療事故の公表化をおこない，さらに事故調査と再発防止へ向けて外部からの委員を加えた医療事故調査委員会を設置した。大島名誉総長のアイデンティティは高い水準の集合的アイデンティティに統合化されていたが故に，このような慣習にとらわれないアジェンダの設定と新たに自らの役割を創出するリーダーシップが発揮されたと考えられる。

■ 事例：高い水準の集合的アイデンティティに統合化されたリーダー行動（岡山医療センター 青山名誉院長）

次に，岡山医療センターの青山興司名誉院長が，同院のトップ・マネジャーに就任してからのリーダー行動を記述する。国立岡山病院は，陸軍病院より引き継ぎ1945年に発足して以降，小児医療，循環器疾患，移植医療などを中心に，中国地方における基幹病院として高度医療を提供し，発展してきた。2001年の病院移転に伴い350億円の借金を抱えたまま，2004年4月独立行政法人岡山医療センターとして新たなスタートを切った。青山氏は，古巣である岡山医療センターから，2004年の独立行政法人化にあわせ，病院長として，呼び戻されたのである。

青山名誉院長

> *いきなり350億の借金って一体どういうものなのか，さっぱりわからなかった。年間20億円もの借金返済をしながら病院を運営しろと言われても，僕は経営をしたことがないから，どうすればいいのやら。*

経営素人の自分に何ができるかと考えた青山氏は，「職員が一丸となること」ことが最重要と考え，院長への権力と全責任の集中を宣言した。国立病院時代は予算制であり，収支は国の管理下にあった。中央から派遣される事務部長の権限は強かった。そのため病院経営や数字に疎いそれまでの院長は，事務部長の顔色を伺いながら病院経営を行っていた。そこで青山名誉院長は，独立行政法人化にともない，すべての権限と責任がトップ・マネジャーである院長に移行したことを，就任時に病院幹部を前に高らかに宣言した。

青山名誉院長

以前の国立病院は，本部から事務長が来ていました。事務長の権限が強いわけです。何やかんやいって事務長が自分のしたいことをやるわけです。だから，僕はみんなの前で宣言したんです。「これから先は，金と人事は全部僕が受けもつ」と。「全責任を僕が取るから，全権限を僕がもつ」ということを宣言したんです。

また，青山名誉院長は院長就任後直ちに，状況把握のための医師全員と他職種の管理職の個人面談をおこなった。院長就任当時は，膨大な借金の金額で不安感に苛まれながらのスタートであったと青山名誉院長は振り返る。しかしながら，院長就任後，病院のすべての医師，ならびに看護師長はじめコメディカル，事務部門など管理職全員と面談をおこなったところ，不安が逆に期待に変わったと語っている。

青山名誉院長

医師と全管理職と面談をしました。いろんな考え方をずっと聞いたわけです。うちにはいい医者がおるとわかった。350億の借金があるけれども経営というか，儲けということから言えば，ちょっと働く気になれば売上など10％～20％はすぐに上がる。だから，僕は10％～20％を上げるためにどうすればいいかというふうに思ったわけです。国立病院の医者は，み

んな優秀です。院長が10％～20％を上げるようにもっていけばいいだけだと思った。

高い力量をもつ医師や職員が多いことを1人ひとりの面談で感じ取った青山名誉院長は，彼らの能力を最大限に引き出すマネジメントをおこなえば，経営状況は変わると感じたのである。「数多くの職員の面談をおこなうことで，病院全体の状況の把握し，意見の吸い上げをはかった。このことが職員の意欲向上に繋がり，就任後早期に収益増という結果を出すことができた」と青山名誉院長は語っている。青山名誉院長が川崎医科大学教授の国家試験担当教授であったときの学生面談での成功経験から，全職員面談の重要性を認識し，病院経営改革にその経験が活かされている。臨床医時代に培った経験や個人的アイデンティティによるものではなく，集団全体の利益や繁栄がモチベーションとなった集合的アイデンティティに基づく行動である。

青山名誉院長が就任後直ちに経営改善のために実行した施策には，「借金の状況を含めた情報公開」,「キャッチフレーズ作りと広報宣伝活動の充実」,「実行することで結果が早期に見える施策の迅速な実施」があるので，以下に紹介する。

まず，借金の状況を含めた情報公開については，青山名誉院長は院長就任時に岡山医療センターの理念を，「Human Friendly Hospital：人にやさしい病院を目指す」と定めた。その実現のためには，医療の質の確保と向上は欠かせないが，職員全員の協力も不可欠である。そのため，青山名誉院長は全職員に当事者意識を醸成すべく350億円という巨額の借金の状況，さらに年間20億円の返済が必要であることなどを開示した。「あちこちで今，借金がいくらある，あとこれだけ返さないといけないと言いまわったな」と語っている。

キャッチフレーズ作りと広報宣伝活動の充実については，「花と笑顔の病院」というキャッチフレーズを作り，院内80ヶ所に生花を配置し，病院を明るい雰囲気に一変させた。

実行することで結果が早期に見える施策の迅速な実施について，青山名誉院長はスピードが最も重要であると力説する。「しかも，すぐに良い結果（収益増）が出る施策を迅速に実行することが重要である。金額の多寡は問わない。結果がすぐにわかることから，医師，職員の意欲が向上し，一致団結する。そのことにより，次のもっと難しい改革に着手することができる」と語る。青山名誉院長が就任後1ヶ月以内に直ちに実施した施策は，「個室料金の値上げ」と「無菌室の整備」である。それぞれ実施後1年で7000万円，ならびに1億円の増収が得られた。

青山名誉院長

当院は提供する医療レベルが高いにもかかわらず，個室料金が安いのは問題であると思った。他の競合病院と比べても安かった。以前から，当院では個室を希望する患者が少ないため，個室料金を低い値段設定にしていたのです。だから，個室を整備して，まずやったことは，備前焼の花瓶を50個ほど買ってきて，生花を活けて個室に飾りました。それでもって，がばっと個室料金を上げたんです。なんと，個室がもう満杯になりました。それだけで年間7000万円の収益があがりました。（個室料金の値上げ）

当院の血液内科の診療実績からみて，無菌室の数が少ないと判断しました。あらたに無菌室を整備しました。おそらく300万～400万円の整備費用がかかりました。無菌室の増室により約1億円の増収です。あっという間にお金が儲かる。利益があれば，それ以降は，欲しい医療機器は何でも買えました。ちょっとしたことなんです。だから経営は面白いですよ。（無菌室の整備）

大島名誉総長，青山名誉院長ともに，それぞれ，腎移植，小児外科という当時は確立されていなかった診療科を自ら設立したパイオニアである。そのため，医師になった当初は，まさに「自分がやってやる」という気迫，エネルギーに満ち溢れたリーダー行動をとっている様子がインタビューからもありありと浮かび上がる。それぞれの分野の第一人者になるという強烈な個人的アイデンティティでキャリアをスタートさせている。医師としてのキャリアを重ね，学生指導，若手医師の育成を通じ，チーム医療を確立していく中で，アイデンティティの水準を，個人的アイデンティティから，関係的，集合的アイデンティティへと変容させ，リーダーシップ機能を変容させている。トップ・マネジャーに就任した後，両氏ともに病院の経営改革を断行し，成功している。両氏の共通点として，(1)全職員の団結をはかるため，悪い情報であっても全職員と情報を共有し，公開していること，(2)チームで仕事を遂行していること，(3)結果をすぐに出すこと，そのために明確な目標と期限を設定していること，(4)慣習にとらわれずに改革を断行していること，などが挙げられる。両氏ともに，トップ・マネジャー就任前の診療科長時代にはそれぞれ独自のリーダーシップスタイルは確立していた。「われわれが」という集合的アイデンティティによるリーダー行動であるが，トップ・マネジャーになれば，さらに診療科長時代に比し，ステークホルダーの数や役割は増えており，同じ集合的アイデンティティでもその複雑性は高く，また高い水準で統合化され行動していた。

5.5 小括

本章では，病院における変革型リーダーとはどのような人であり，どのような仕事をし，役割を担っているのかについて，事例に基づき議論した。その仕事内容は多様であり，様々な局面でいろいろな役割を果たしている。Mintzberg (1973) や Kotter (1982) らがこれまでにビジネスの世界で提唱した変革型リーダーと同様，病院における変革型リーダーにおいても，独自の幅広いネットワークを利用し，計画・予算やビジョン・戦略を含む課題を設定していた。さらに，そのアジェンダを遂行するために組織内外の人々を巻き込むことで，これまでの慣習的な仕事や役割にとらわれることなく，自らの役割を新たに創出していることが明らかになった。

医師は経験学習を重ね，プロフェッショナル・アイデンティティを確立する。また，それと並行し，病院組織においては臨床医，診療科長，トップ・マネジャーと職階を上げ，キャリアパスを歩み，リーダーシップ機能を変化させリーダーとして発達変容する。今回調査した医師は，リーダとして発達する過程において，アイデンティティを個人的アイデンティティから関係的アイデンティティ，集合的アイデンティティへと，その水準を高めリーダー行動をとっていた。変革型リーダーと称されるトップ・マネジャーは，高い水準である集合的アイデンティティを顕在化させ，医師やその他のプロフェッショナルなど含めた病院職員や病院組織全体を視野に入れた行動をしていたことを記述した。

しかしながら，トップ・マネジャーに就任した医師であれば，誰しもこのような変革型リーダーになれるわけではなく，また，スムースにアイデンティティを変容させているわけでもないと思われる。どのようにしてその能力を獲得し，アイデンティティを変容させたのか，疑問が残る。巷間では「立場，肩書が人を作る」と言われるが，診療科長，トップ・マネジャーという職階，役職が自然にアイデンティティを変容させたのであろうか。一体何がリーダーのアイデンティティを変容させたのか，また，どのような経験がアイデンティティの変容に影響を与え，リーダーシップ機能を変容させたのか探る必要がある。これが次章の課題となる。

第6章 医師のリーダーとしての発達的変容

前章では，病院における変革型リーダーとはどのような人物であり，また，どのような仕事をし，役割を担っているのかについて議論した。そこでは，インタビューや行動観察によって，医師は，臨床医，診療科長，トップ・マネジャーへとリーダーとして発達する過程において，アイデンティティを個人的アイデンティティから関係的アイデンティティ，そして集合的アイデンティティへとその水準を高め，リーダー行動をとっていたことが明らかになった。

では，「何が変革型リーダーのアイデンティティを変容させたのか」。さらには，「変革型リーダーとされる病院のトップ・マネジャーは，なぜスムースにアイデンティティを変容できたのか」。本章では，これらを調査課題 2, 3，としてリサーチクエスチョンをより深堀りし議論する。

6.1 アイデンティティ変容のタイミング：キャリアの節目における経験学習の断絶，非連続性

今回インタビューをおこなった病院のトップ・マネジャーは，医師になってから院長就任まで平均 28.5 年（7 ～ 40 年）であった。最も若く就任した金田院長は医師になってから 7 年であったが，「熟達化 10 年ルール」[1] を適用

1　Ericsson (1996) はチェスやテニス，音楽等の芸術やスポーツ等の研究を通じて，素人が熟達者に成長するには最低 10 年間の準備期間を必要とすることを明らかにした（第 3 章参照）。

すれば，どの院長も，院長就任までには，臨床医として十分に経験学習を積み重ね，プロフェッショナルとして熟達しているものと考えられる。もちろん医師として職業能力が高く，十分な実績を積み重ねてきたからこそ，病院のトップ・マネジャーである院長に就任し得た。

では，臨床医としてのどのような経験が，病院のトップ・マネジャーの能力獲得やその成功に関連しているのであろうか。

北野院長

臨床医としての能力と，管理者，とくにトップ・マネジャーの能力は全く別やな。修行を積んで，いくら手術が上手でも，そんなの経営とは関係ないやろ。

古城理事長

臨床を15年なり20年やったのは，必要に応じてやったということもありますけれども，医療の現場を知ることは大事だと思うので，それには非常に役に立ったと思います。しかし，経営やマネジメントには全然役に立っていないですね。

猶本院長

実際に患者さんの信頼も厚く，いいお医者さん。でも，医者馬鹿じゃないけど，その領域のことしか知らない。整形外科なら整形外科しか知らないのに，整形外科の手術のことしか知らないのに，人のこともあんまり興味がないような人が病院長になったときは本当に不幸ですよね。

金田理事長

臨床医としての経験や能力と経営者，トップ・マネジャーのそれとは全く別ですね。全く別のものと考えたほうがいい。院長や経営者になって，マネジメントをやるとダメな人がいっぱいいるでしょう。それはね，医学部の教育で，マネジメント教育とかセルフマネジメント教育とか，優れた管

理者を養成する教育が足りないのです。医学生教育，卒後の研修医における教育も不足しているね。［中略］医師として腕のいい人が，経営，マネジメントで失敗するんです。人生も失敗する。だいたい腕のいい人，マネジメントをやって，成功している人いないでしょう。溺れるからね，自分の能力に。例を挙げて悪いけど，有名なA先生もそうじゃないのかな。やっぱり腕のいい人っていうのは，全体が見えず，視野狭窄に陥るから。自分自身の腕がさほどよくないと自覚していれば，自分の能力に限界を感じて，別の役割を果たさないといけないと思うから。そのように思える医師は，乗り越えが早い。

父親から病院を継承した2代目である金田理事長も含め上記4名が皆，医師としての職業能力と，トップ・マネジャーとしての管理能力，経営能力とは全く異なるものであると答えている。

さらに，自身は臨床医時代に専門的に経営学を学んだ経験はないが，学生時代，もしくはキャリア早期からの医療経営やマネジメント教育の必要性を説いている。

岩垣院長

臨床医として積み重ねた経験と院長としての管理職の仕事の関連性は全くないね。でも今から思ったら，うちの研究グループの人たちを病理学のC先生のところに派遣して，フローサイトメトリー[2]とかを勉強させていた。今度，医学部長になったD教授も同級生。ウイルスのE先生は僕の1級上で共同研究お世話になった人。生理学のF教授も大学の部活動の先輩だ。基礎研究の教室にも，昔からの友人，知人が沢山いたのよ。かつて研究内容について，その仲間に対して「どう思う，どうしたらいい」と，助言を得ていたというところがあったから，だから今回，院長になった後，

2　微細な粒子を流体中に分散させて，その流体を細く流すことにより個々の粒子を光学的に分析する測定手法。細胞分子生物学領域でよく用いられる技術。

かつてのネットワークを通じていろんな人にお願いするところはあったよね。

岩垣院長は，臨床医として積み重ねた経験，学習から獲得した能力ではなく，基礎研究に従事していた頃に構築した独自のネットワークが，現在の，病院間連絡・連携，医師確保に最も役立ち，院長としての活動の基礎となっていると答えている。

古城理事長

Q：一般医として働かれている若い頃から，経営の勉強をされていましたか？

A：いいえ，自分で経営の勉強をしたのは，経営者になってからです。40歳までは全くしたこともありませんでした。臨床のこと以外のことを知らなかったので。父が亡くなるまでは，経営は一切，ノータッチです。すべて父がやっていましたから。私が，経営と関係するといったら，連帯保証人のハンコを押してサインするだけです。それも何の借り入れだか，いくらだかも知らない。会計とか経理とか，財務諸表だとか，最初はわからんのですけど，そうは言っても本屋に行ったらいっぱい経営本が出ていますから。財務諸表の簡単な読み方など。あんなのは，始めてみればそんな難しいことではありません。小学校6年生ぐらいまでの算数の知識で全部できるし。難しい本は読まなくてもいいんですよ。あとは有能な経営者の書いた本を適当に読んで，何となく様子がわかる程度に。

北野院長

貸借対照表など財務諸表なんて，僕は先天的に得意で，帳簿を眺めていると，数字が僕に話しかけてくる。「この数字を見てね」とか。だから，毎日ずっと毎月の帳簿をみていると，数字のリズムが俺に話しかけてくるの。俺の才能なんですよ。この数字がこういうふうに変わっていくって，

いったい何があるのかなって。その数字の裏に隠された物語を自分で考えていくのが好きなの。これは僕の才能なんですよ。普通の院長って，帳簿なんてみるのは苦手じゃないですか。でも，僕は，ずっとみている。みていると，そこにいろんな数字のドラマがみえてくる。何の気なくみていると数字が語りかけてくる。「ここが危ないよ，これ変なことになっているよ」と。そこから僕，経営に入ったの。それまで自分は経営が得意だとは思ってもいなかった。ところがこういう仕事してから，数字をみることが得意だと自分の才能に気がついた。

今回調査した変革型リーダーとよばれる病院のトップ・マネジャーは皆，院長就任のほぼ直後から能力を発揮し，業績をあげている。しかしながらほぼ全員が，臨床医と院長の仕事の内容は全く異なるものであり，臨床医としての経験学習が，院長としての能力獲得，成功に関与していないと答えている。

トップ・マネジャーとしての経営管理能力，リーダーシップは，賦与された才であり，臨床医としての熟達過程で経験学習により獲得するものではないとする院長もいた。

また，経営者になってから，経営学の書籍を購入し，勉強したという院長は多くいたが，臨床医であった頃から経営学を学んだ医師はほとんどいなかった。唯一の例外は，川崎医科大学総合医療センターの猶本院長である。猶本院長は，神戸大学大学院で経営学を学び，経営学修士号，経営学博士号を取得している。しかしながら，彼が経営学を学び始めたのは，岡山大学第一外科准教授の就任後であり，関連病院を含め，同門に所属する多くの外科医集団をマネジメントする立場に置かれたときである。キャリア早期から経営学を学び，その知識を利用して臨床経験を積み，学習を重ね，現在の院長の仕事に役立てているわけではない。

今回の調査から，これまで臨床医として連続的にかつサイクリックに繰り返してきた経験と学習が，院長の仕事や能力の獲得には役に立ってはおらず，キャリアの節目，とくに臨床医ないしは診療科長から，院長になる段階において，経験学習プロセスの断絶，非連続性が存在することが明らかになった。リーダーがその発達局面において飛び越えなければならない経験学習プロセスの断絶，非連続性の「溝」が存在する。この「溝」を飛び越えることができないために，優秀な人材（仕事のできる臨床医師）であると多くの人から認められ，医療技術を磨き，能力を獲得し上々の実績を上げ続けていたにもかかわらず，管理職，あるいはトップ・マネジャーである院長になった途端に，それまでの実績がウソのようにパッとしなくなる医師が存在する。そうしたときに，しばしば「あの人は手術だけをやっていれば良い医師であったのに，管理職になったばかりに」とか「あの人は院長の器ではなかった」と言われるのである。これは，第3章3.3節でも述べたように，臨床医が専門能力を獲得し卓越した臨床医へとなっていく成長曲線と，臨床医→診療科長→トップ・マネジャーと医師がリーダーへと成長する曲線が同一平面上では捉えられないからと考えられる（図3-3）。臨床医としての経験学習，それによる基づく能力のみで，「溝」を飛び越えようとすれば，管理職としての仕事や病院経営には対応できない。

リーダーにおいては誰しも，その発達過程においてこの「溝」が存在する。第5章で詳述した国立長寿医療研修センター大島名誉総長，岡山医療センター青山名誉院長をはじめ，今回調査対象とした変革型リーダーと称される病院のトップ・マネジャーにも，経験学習プロセスの非連続性の「溝」は存在したが，彼らはその「溝」を飛び越えてきている。彼らは皆，リーダーの発達過程において，このような非連続の局面ではアイデンティティの変容がみられ，次の局面に対応できるように自らのリーダーシップ機能を変容させている。

では，一体何が変革型リーダーのアイデンティティを変容させたのであろうか。次節ではこの課題について記述する。

6.2 アイデンティティ変容の要因：強い意識変容

人は誰しも過去の経験学習の中で形成した準拠枠（ものの見方，価値観＝意味パースペクティブ）とよばれるフレームワークを通して思考し，行動する。この準拠枠が強固になればなるほど，その枠内でしかものごとをみることができず，行動も制限される。今回インタビューしたトップ・マネジャーたちは，キャリアの節目において，過去の経験，すなわち臨床医として積み重ねてきた経験学習の中で形成した準拠枠では，リーダーとして行動できないと自ら悟る特徴的な意識変容を認めた。その意識の変容が，準拠枠（意味パースペクティブ）を再構築することにより，アイデンティティを変容させ，リーダーシップを発揮していることが明らかになった。

インタビュー調査で確認されたキャリアの節目における意識変容，もしくはアイデンティティの変容を表現するリーダーの言動について記述する。

■「メスを置く」,「手を下ろす」

「メスを置く」とは，手術をやめること，また，「手を下ろす」とは手術を終えるか，手術を外れて「清潔」でなくなった状態を意味する表現であり，外科医が手術から遠ざかることを意味する外科医特有のメタファである。

北野院長

院長，管理職になったときコンフリクトなど全くなかった。臨床医，とくに外科医はある一定の年齢に達した時，いやがおうにもチェンジを迫られる。それに従ったまでのこと。既に耳鼻科の教授になっていたが，私が血管縫合を要する手術を行った際，ほとんど手術を終わらせ，あとの処置は若い先生に任せて，手を下ろし[3]，手術室を出た。私がいなくなったあと，もう一度，残った医師で血管吻合をやり直し，手術を終わらせたとあとで

3　下線部は，意識変容およびアイデンティティ変容を表すリーダーの言動である。以下，発言引用中の下線部につき同様。

人から聞いた。多分，若い頃のように目が見えていなかったんだろうね。そのとき，もう自分は手術をしてはいけないと思い，メスを置いた。

古城理事長

僕はもともと開業医の息子ですから。2代目なので，何のために医学部へ行ったかと言ったら病院の仕事の跡継ぎになるためだったので。もちろん，医学部に入った6年間は医学の勉強もするし，卒業後，結局20年弱は臨床医をしました。15年くらいは臨床1本で，あと5年ぐらいが臨床と経営が半々ぐらいで，それから先，45歳からはどちらかと言ったら臨床はもう穴埋め的な仕事で，経営の仕事がほとんどです。気持ち的にはもう，医師の仕事は1割ぐらいですね。管理業務が90パーセントです。
もう生まれたときから，将来病院を継ぐみたいな感じでしたから。医者の仕事が別に嫌とかそういうことは全然なくて。臨床をやっているときは，一生懸命にやっていたと思います。けれども，それを辞めたとき，辞めたというかだんだん離れたわけですが，嫌々トップ・マネジャーをしているという感じは全然なくて。あれはやはり癖なもんで，臨床をやらなくなったら大儀になりますよ。手術も，昔は緊急手術，胃穿孔（せんこう）を起こした患者さんが来たら大喜びで手術をしていましたけど，あんまり手術しなくなったら，胃穿孔でもワクワクすることもなく，むしろ面倒くさいなあと。そんなになったら45歳でメスを置き，臨床も離れられます。

岩垣院長

臨床には未練はないよね。メスを置いたことも，院長になるときにもコンフリクトは全くなかったよ。現在，臨床は，外来診療週1回，病棟回診週1回ぐらいのペースではしているよ。現場の匂いを覚えておくためにもね。ただ，現在当院には，外科医は24名もいるもの。私が外科医として出る幕はないよ。外科医の旬は，40代。60歳を過ぎて手術するのは罪だと思うよ。どんどん若い医師に任せるべきだ。それに，院長自らが手術，医療行為をすることにより医療訴訟の当事者となるのは，好ましくないと事務長からも言われるからね。

「メスを置いて，手を下ろす」ことは，外科医として，臨床医としてのキャリアのなかでも最も大きな決断といえる。「メスを置く」タイミングは，人それぞれだが，主な理由としては「スキル上達の限界」，「体力，視力の限界」，「手術に対する情熱の喪失」などが挙げられる。「メスを置く」ことは，医師人生の終わりというわけではないが，外科医，とくにキャリアゴールとして院長になるような優秀な外科医にとって，手術は，アイデンティティそのものであることが多い。外科医である北野，古城，岩垣三氏は，3人ともにコンフリクトはなかったと答えてはいるものの，3人ともに院長就任を契機にメスを置いた。「メスを置く」という言葉で表現される，意識変容，アイデンティティの変化により，実際に手術から遠ざかり，診療日を減らし，マネジメント業務への比重を増やす方向に加速したことがわかる。

■「覚悟を決める」，「腹をくくる」

猶本院長

> *臨床医から，院長のようなトップ・マネジャーになるとき乗り越えるために必要なのは，やはり，覚悟だと思うんだよね。人を巻き込んでいかないと物事はうまくいかないわけであって，巻き込んでいくという覚悟っていうのができないといけない。1人だけでは何もできない。人に支えられ，また人を支えて初めて物事は成就するわけであって，人を巻き込んでいく覚悟というのは，言い換えれば，腹をくくって取り組むということでしょうかね。一喜一憂せず，また，自分のことに賛成する人だけでなくて，敵対するような人も巻き込んでいかないといけないわけですよ。それは一番大事なことなんです。そういう人を巻き込んで初めてチームとかプロジェクトっていうのはうまくいくっていうか，それをするには，腹を据えないといけないというか，覚悟が要るわけですよね。*

猶本院長は「覚悟」，「腹をくくる」という言葉を使って，自身のアイデンティティの変化を表現している。それまでのアイデンティティや価値観を変えることにより，これまでの経験学習で積み重ねてきた能力では対応できないキャリア上の局面に対応しようとする切迫感を表している言葉である。

■「白衣を脱ぐ」

「白衣」は，歴史的に博愛，純潔，清潔を象徴するものであり，ヒポクラテスの誓詞（第2章脚注2参照）で結ばれるプロフェッショナル集団の証の1つとして，医師が着用するものであった。最近では，白衣は権威的だと批判する向きもあるが，日本だけでなく米国においても白衣は患者から信頼の象徴として好まれる服装である。一般的には医師は，院内で勤務時間内は常に白衣を着用している。院内食堂では，医師は昼食をとっているときでさえ白衣を着用しているというのが通常の光景である。第5章5.1節で岩垣院長の行動観察結果を記した。岩垣院長は，事務的な作業をしているときや事務方・病院幹部との会議では，院内であっても白衣を着用していない。同氏が，白衣を着用しているのは，診療に関わる仕事もしくは病院のフィギュアヘッドとして振る舞うときに限られている。プロフェッショナルとしての仕事，マネジメント（管理）の仕事を行う上で，ものの見方，意識の切り替えを，白衣着用・非着用という服装の切り替えでおこなっている。

これまでキャリアの節目，とくに臨床医・診療科長から院長になる段階において，今回調査したトップ・マネジャーは，これまで臨床医時代に経験学習の中で形成した準拠枠では越えられない「溝」を感じている。トップ・マネジャーになってからの彼らの業績や行動をみると，この「溝」を一見容易に飛び越えているようにみえる。しかしながら，アイデンティティを変容させることは難しい。変革型リーダーである彼らはまず第1に臨床医として優秀であるから，トップ・マネジャーに選ばれ就任している。臨床医として優秀であればあるほど，培ったプロフェッショナル・アイデンティティや個人的アイデンティティも強いはずである。それ故に，「メスを置く」，「手を下ろす」，「覚悟を決める，腹をくくる」など強い意識変容を表す言葉を使い，

「白衣を脱ぐ」という行動をしていたと考えられる。ではいったいどのようにして変革型リーダーの医師は，臨床医，診療科長，トップ・マネジャーへとリーダーとして発達する過程において，アイデンティティを個人的アイデンティティから関係的アイデンティティ，集合的アイデンティティへと変容させることができたのであろうか。この疑問に答えるために，次節以降は，意識変容とそれによるリーダー行動に焦点をあて記述する。

6.3 アイデンティティ変容につながる意識変容とリーダー行動

これまでの問題解決方法を応用するだけでは解決できない経験（配偶者の死，離婚，転職，役職の異動など）やアイデンティティや生き方に強烈な疑問を抱かせる局面において，意識変容が生じる（Mezirow, 1991）。混乱的ジレンマの状況では，既存の意味パースペクティブ（準拠枠）がその人の判断基準として機能しなくなることから，自ら生きる方向性を見出すために，意味パースペクティブの再構築が求められる。新たな意味パースペクティブを追求し，新たな行動や感情といった意味スキームを再び作り出せるようになるまでの過程が，Mezirow（1991）が提唱する変容的学習に他ならない。

キャリアの節目におけるインパクトのある経験が意識変容をもたらし，意味パースペクティブを再構築することによりアイデンティティを変容させた，リーダーの行動（リーダー行動）を紹介する。

6.3.1 鳥取大学病院における新規事業：鳥取大学病院　北野博也院長

前節で紹介したように，北野院長は加齢からくる視力の衰えを自覚し，院長就任時にはメスを置いた。外科医としての仕事を終えることを自ら決断し，幕を引いたのである。「外科医としてのアイデンティティを捨てることにより，みえてくるものがあった」と語っている。北野氏は2011年に鳥取大学病院長に就任し，2004年の法人化時，病院収入は約118億円であったが，就任3年後には約198億円の売上を達成した。彼の経営手腕は全国の国立大学附属病院に大きなインパクトを与え，彼自身，全国の国立病院附属病院全体の意識を変えたと自負している。同氏が成功に導いた事業である，⑴低侵襲外科センターの創設と，⑵男女共同参画の推進「子育てママが日本を救う」という２つの事例を提示する。

■ 事例⑴：低侵襲外科センターの創設

2011 年　北野氏が鳥取大学病院の院長に就任し，直ちに低侵襲外科センター[4]を創設した。当時まだ保険適用になっていなかった手術支援ロボット da Vinci[5]を全国に先駆けて導入した。現在では，全診療科あげてロボット手術に取り組み，全国有数の症例数を誇り，最先端の医療を安全に患者に提供している。また全国から症例見学を受け入れ，手術指導施設に認定されている。

私が，院長に就任した当時は，各診療科の教授は喩えて言えば，中小企業の社長という感覚で，大学病院全体を商工会議所のようにみていた。各診療科が独立しており，閉鎖性が高く，教授の権力が非常に強く，そこにはいかに院長であろうが，医学部長であろうが治外法権だという雰囲気があった。私自身が教授であったので，まさにそういう価値観で生きてきた。でも，日本有数の手術センターにしようと思ったら，いくら da Vinci のような新しい機器だけを導入してもダメで，今までの価値観，大学病院の閉鎖性，縦割り制度を根幹から変えなきゃダメだと思った。

北野院長は，新規に手術支援ロボット da Vinci を導入し，鳥取大学病院に低侵襲外科センターを創設した理由は，大学の閉鎖性，教授を頂点とした

4　鳥取大学医学部附属病院低侵襲外科センター HP，http://www2.hosp.med.tottori-u.ac.jp/departments/center/minimally-invasive-surgery/（2021 年 11 月 1 日閲覧）

5　米国 Intuitve Surgical 社が開発したマスタースレイブ型内視鏡手術用の手術ロボット。名称はレオナルド・ダ・ヴィンチに由来する。2020 年 7 月現在，日本では大学病院を中心に 400 台導入されている。2012 年 4 月に前立腺がんに対する根治術が初めて保険収載された。

医局講座制を改革しようとしたためだと述べている。彼は医局講座制を改革しなければ日本の医療は発展しないと考えた。

教授の一存で手術させないようにした。例えば，A 教授の手術を，他の診療科の准教授が，「あなたは，この手術を行うレベルじゃないので，手術をされないほうがいいと思います」と言ったときに，センターの総意で A 教授の手術を停止させることができるようにした。手術の許可，中止の権限をセンターに与えた。「わたしの手術に文句をつける気か」と言ったときでも，センターは有無も言わせず中止できる。本センターが各診療科の術式，術者の技能を評価するようにした。これって，いままでの考え方，価値観に固執していたらできないこと。低侵襲外科センターを創設することで，医局講座制自体を壊してやったよ。

北野院長は，「これまでの価値観を 180°変えた価値観で仕事をした」と語る。これまでは自身も医局講座制の頂点に君臨し，自らの診療科の利益を第一に考えてきたが，院長に就任後は自らのミッションを「日本の医療をより良い方向に変える」，「医学界の閉鎖性と保守性を変革する」ことと定め，いとも簡単に古い価値観を捨て去り，新しい制度で運用される低侵襲外科センターを鳥取大学病院に創設した。「これまでの経験にもとづく価値観で本センターを創設し，運営していれば，現在のような全診療科をあげての取り組みとはならず，症例数，稼働率もここまでの実績には到達しなかったであろう」と答えている。

■ 事例(2)：男女共同参画の推進「子育てママが日本を救う」プロジェクト

北野院長が鳥取大学病院長に就任した当時，看護師確保が大きな課題であった。看護師資格をもつ人は全国に 225 万人存在し，9 割以上は女性であるが，全体の 31 %が未就業である。その理由として，最も多くの人が出産，子育てを挙げている[6]。そこで子育て中の女性を支えるため鳥取大学病院は，働きやすさを求めて全国から看護師が集まる体制づくりをおこなった。まずは，東京駅丸の内の地下通路に巨大な「鳥取大学病院看護師募集」のポスターを掲示し，鳥取県内だけでなく，東京，大阪など都会からも看護師の募集をおこなった。

さらに，子育て中の女性を支える鳥取大学病院の3つの取り組みを推進した。ひとつは，「病院の敷地内に保育所を設置」し，24時間保育と病児保育を可能にした。24時間保育により，夜間もずっと子供を預けることができ，夜勤のシフトでも職員は安心して働くことができる。残業のときもそのまま預けることができ，ひとり親の場合，病院側が保育費の半額を負担するという経済的な支援もおこなった。また病児保育とは，発熱など体調に不安のある子供を預かるサービスである。病児には常勤の看護師が付添い，鳥取大学病院の医師が診察するシステムを導入した。2つ目は，「夕食持ち帰りサービス」である。残業で夕食を作る余裕がないときには，注文すれば格安で夕食の弁当を用意するサービスである。希望があれば，家族分も用意してくれる。3つ目が，「ワークライフバランス支援センターの設置」である。職員の仕事と生活を相談するワンストップの部署を設置した。この支援センターに持ち込まれた大きな問題が，いわゆる「小1の壁」であった。これは，子供が小学校にあがれば，保育所を出なければならないので，夜間，休日に預ける場所がなくなるという問題である。本センターの働きかけにより，北野院長は病院内保育所における夜間，休日の学童保育を実現した。これらの取り組みは，2015年3月テレビ東京系TV番組「ガイアの夜明け」[7]でとり上げられて放映され，鳥取大学病院にとどまらず，全国24時間体制の病院や深夜勤務を求められる女性の労働環境に問題提起した。

また，北野院長は自ら，鳥取大学病院における「子育てママは日本を救

6 厚生労働省「第1回看護職員需給見通しに関する検討会　資料3-1 看護職員の現状と推移」平成26年12月1日　https://www.mhlw.go.jp/file/05-Shingikai-10801000-Iseikyoku-Soumuka/0000072895.pdf（2021年11月1日閲覧）

7 「"子育てママ"を救うと…ニッポンが変わる！（バックナンバー2015年3月24日放送第658回）」『ガイアの夜明け』https://www.tv-tokyo.co.jp/gaia/backnumber4/preview_20150324.html（2021年11月1日閲覧）

う」プロジェクトの企画をNHKにもち込み，NHK鳥取放送局制作TVドラマ「ちょっとはダラズに。」[8]としてドラマ化に成功した。このドラマでは，東京から鳥取にやってきたシングルマザーの看護師が，米子の下町を舞台に地元の人々との交流で成長する姿が描かれている。

北野院長

院長になったとき，経営がうまくいっている病院，いわゆるモデルケースを探すことから始めた。日本の中心である東京で探し求めたがみつからなかった。仕方なく鳥取で自ら実際に様々なことを試み，そして結果を検証しながら進めていった。そのおかげで変わることができた。そして小さな大学だから実現できた。いずれそれが日本を変えることに違いないと確信している。

鳥取県は，面積が小さく，田舎で，人も集まらない。鳥取県の人口は55.5万人，世田谷区の人口91万人と比べてもずっと少ない。こう考えると「弱み」だが，ものの見かたを変えてみた。地域コミュニティーは，人口の流入の激しい都会では崩壊している。プライバシーは保たれる反面，人間関係はギスギスしたものになっている。しかし，鳥取県は人口の流入がなかったおかげで昔からの地域コミュニティーが維持されている。近所のおじさんやおばさんが我が子のように，子供の面倒を見てくれる。住居費が安く，安全な食材の豊かな環境は，子育てに奮闘しながら働く医師，看護師にとって格好の場所になるはず，と「弱み」を「強み」へ変換した。だから，東京駅に鳥取大学看護師募集のポスターを掲示し，TV番組の企画も作った。

8　あらすじは次の通り。シングルマザーの真帆（26歳）は，東京で働く看護師。女手ひとつで自分を育ててくれた母を手本に，仕事も家事も育児も，生真面目に頑張ってきた。しかし，一人娘の愛歌（6歳）は病気がちで，真帆は職場の同僚へ迷惑をかけてばかり。ある日，鳥取県米子市にある大学病院が，働くお母さんに対して手厚い支援を行っていることを知る。わらにもすがる思いで，真帆は縁もゆかりもまったくない米子へやってくる。だが，そこは真面目な真帆とは違い，人生を楽しむことが第一という「ダラズもん」ばかりの町であった。今も色濃く下町情緒豊かな佇まいを残す米子市の風景とともに描かれている。

女性に優しい職場ではなく，女性にしっかり働かせるにはどのような職場にすればよいのかを考えた。例えば，女性トイレ，当直室の一新，パウダールーム整備などもそう。さらに，女医が早く帰ろうとしても，周りの医師に遠慮して帰るのではなく，それが当たり前であるという環境，制度，雇用契約づくりに取り組んだ。

私自身これまで女性を大切にしようと思って生きてきたわけではない。女房にもよく言われる。みんな「女性を大切にする」職場を作ろうとよく叫ぶが，決して病院経営にとって，「女性を大切にする」=「女性が働きやすくなる」ということではない。「女性の力を引き出して，しっかり働かせるにはどうすればよいか」と考えるのが経営者である。

人口が少なく，田舎なので人が集まらないと考えるのではなく，地域コミュニティーが残り，人と人のふれあいが残る田舎こそが，女性が働きやすい環境であると逆転の発想により，「弱み」が実は「強み」であると北野院長は考えた。低侵襲外科センターと同様に，意識を変容し，準拠枠を再構築することで成功に導いたのである。これまでの準拠枠での経験学習では，このような事業を成し遂げることはできなかったと考えられる。

つづいて，キャリアの節目におけるインパクトのある経験が意識変容をもたらし，意味パースペクティブを再構築することによりアイデンティティを変容させた，伯鳳会グループ 赤穂中央病院の古城理事長の事例について記述する。

6.3.2　病院経営の立て直し：伯鳳会グループ赤穂中央病院　古城資久理事長

病院の倒産危機下における父親の急病による病院経営の継承が，古城理事長にとって，あらたな意味パースペクティブの再構築，アイデンティティの変容が求められる状況であった。

■ 倒産の危機と理事長就任

伯鳳会グループ[9]は1962年に古城資久氏の父君，古城猛彦氏が開設した古城外科から始まった。1964年には診療所から古城病院へと発展し，1984年に医療法人伯鳳会赤穂中央病院に名称変更した。本グループの順調な高水準の業績は比較的最近のものであり，古城氏が理事長就任当時，約50億円だった売上は，18年間で約360億円と7倍以上に増加している。伯鳳会グループの発展は，その苦境を克服する様々な努力を基礎として生み出され，現在，医療界における注目すべき経営モデルと言われるまでになった。

1999年，父君である猛彦氏の病気入院により，急遽，資久氏が経営を引き継ぐことになったが，1997年，1998年は2期連続赤字であった。これは，無計画な設備投資と理事長，事務長，経理担当者しか知らない経営のブラックボックス化が原因であった。理事長の個人預金を投入してようやく給与日を乗り切り，翌月には給与支払いのために診療報酬債権化をおこなわざるを得ないという窮状であった。また，設備投資資金の返済がキャッシュフローの範囲内でおこなえず，借り入れた運転資金を設備投資の返済に回すという「歩積み両建て」の状態であった。そのような自転車操業の経営状況下，資久氏は経営を引き継ぐことになった。

古城理事長

ちょうどあの頃は病院が傾いており，親父が癌で伏せって，後継者を決めなきゃということになった。親父が「誰が後継者に一番向いてるかを面接して判断してくれ」とメインバンクに依頼した。メインバンクが当時の院長代行，副院長ら5人を面接して，「息子さんが一番ましだと思います」とメインバンクが返答したから僕が後継者になった。

もちろん開業医の二代目なので将来，病院を継ぐのであろうとは思っては

9　伯鳳会グループは，赤穂中央病院をはじめとする10の病院を中心とし，診療所，介護老人保健施設，介護老人福祉施設，各所通所施設，身体障害者授産施設，医療専門学校など60を超える事業所を運営している。グループが展開する地域は，兵庫県赤穂市，姫路市，明石市，新河町，尼崎市，大阪市，東京都と8地区にわたる（2021年現在）。古城資久氏は伯鳳会グループのトップであり，経営責任を担う。

いたけれど，臨床以外のことを知らなかったので，経営は一切ノータッチでした。病院経営に関して，個人的に勉強した経験もなく，経営者になってから経営書を読みふけり，泥縄式の勉強をした。

ある銀行の支店長には「事業計画書もないのに誰が金を貸すのか」とか言われて。僕は何も知らないものだから「事業計画書って何ですか？」と尋ねた。「先生はそんなことも知らないのか？」と呆れられた。仕方ないから「どういうふうに書いたらいいのですか？」と聞き直って尋ねたら，その支店長は，「代わりに俺が書いてやる。ただし，これを他の銀行にもって行ってみせたとき，俺が書いたって絶対言うなよ」と言って，A4用紙1枚で事業計画書を書いてくれたんです。あれから病院の経営が立ち直ったんですね。

今考えれば，A4で1枚の事業計画書によって「経営とはこうやるものだ」と教えられた。もし当時の病院経営が順調で，親父が死んだので跡を継いだというだけであったのなら，僕はずっと馬なり[10]の経営をしていたと思いますよ。でも，あの頃まさに倒産の危機であり，事業計画書，返済計画書がなかったら金は出ないということであって。いかに物事をすすめるかとか，利益というのは自然と出るんじゃなく，計画して出すものだということを教わったと思います。

古城理事長は彼が語るとおり，経営については全くの素人であった。しかしながら，彼の強いリーダーシップで次に述べる種々の方針，施策を打ち出し，経営危機を乗り越えた。

■ 経営理念の確立

古城理事長は，病院グループが持続的な成長を遂げるためには，経営者が納得でき，職員の賛同が得られ，社会から肯定される科学性，社会性，倫理

10　競馬用語であり，レースや調教で，鞭を使ったり手綱をしごいたりしないで馬の走る気にまかせること。JRA 日本中央競馬協会『競馬用語辞典』ウェブサイト　http://www.jra.go.jp/kouza/yougo/w215.html（2021 年 11 月 1 日閲覧）

性に優れた経営理念が必要であると考えた。「平等医療・平等介護」を明記した，経営理念を確立した。

■ 経営実態の全面的な公開を前提にした職員参加型経営と徹底した経費の削減

古城理事長

> *経営危機を乗り越えるためには，正直に職員全員に経営を公開し，協力を求める以外にないと決心した。他の経営幹部からは「職員が動揺する」，「退職者が続出する」などの反対意見もあったが，どうせ倒産するなら自らが信じることをやってみたかったし，何も迷うところはなかった。最初に職員に決算書を公開したときの反応は，「外来受診患者は多く，ベッドは満床，我々はこんなに忙しく働いているのにもかかわらず，なぜ赤字なのか」という怒りであった。*

その後，「職員一丸となって，徹底した経費節減に取り組んだ。人件費以外の固定費の削減を行い，エレベーターの使用制限，院内有線放送の打ち切りから絆創膏の切り方，綿球，ガーゼの大きさにまで注意を巡らせた。また，恥を承知で医薬品，診療材料の価格交渉をおこない，事務職員とチームを組み，戸別訪問までして未収金回収に当たった」と，古城理事長は語る。

経営改善後も，職員と経営者は共闘者でなければ病院の発展はないとして，毎月の貸借対照表（BS）と損益計算書（PL）は公開，職員に報告している。

> *全ての経営数値を公開することで職員には経営感覚が育ち，業務遂行能力が向上する。損益計算書は職員全員の責任，貸借対照表は経営者である私の責任と常に告げており，職員に経営責任を問い，私を職員が監査するシステムをとっている。職員を使用人扱いし，使い捨てる者は人材育成を口にする資格はなく，それに見合った成果しか挙げ得ないと信じている。（古城，2006）*

■ 経営指針書（SWOT分析，戦略的方向性を提示，事業計画を成文化）と人事考課制度

伯鳳会グループでは，毎年1月末に古城理事長が作成した新規事業計画，今年度重点目標など総論的な経営計画が各部署，事業所幹部に手渡される。3月初旬にまでにこれらの実現に向け，部署，事業所ごとにSWOT分析を踏まえ，BSC（Balanced Score Card）の4つの視点（財務の視点，顧客の視点，業務プロセスの視点，学習と成長の視点）を取り入れた経営計画を策定する。それをもとに古城理事長と面接し，計画の調整，修正をおこない，3月下旬に1冊の経営指針書にまとめられる。3月末に全職員に経営指針書が配布され，発表会がおこなわれる。

また人事考課に用いる個人の考課カードは，経営指針書に記載された各事業所の経営計画を達成するために各人が何をすべきかを，個人目標として必ず盛り込むように作られる。職員が個人目標を達成すると事業所目標が達成され，各事業所目標が達成されれば，伯鳳会グループの経営目標が完遂されることになる（古城，2013）。

古城理事長は2代目院長であり，いずれは病院を継がなければいけないという意識はあったようだが，大学卒業後は，外科医として約15年間は臨床一筋で，自らの医療技術を磨くことに専念していた。ところが，これまで自分がもっていた価値観ではどうしようもない病院の継承，倒産の危機という，強烈な局面を経験し，それらを乗り越えていく過程で「社員と経営者は共闘者でなければ病院の発展はない」という考えに変わったとインタビューで答えている。繰り返し紹介するが「すべての経営数値を公開することで職員には経営感覚が育ち，業務遂行能力が向上する。損益計算書は全員の責任，貸借対照表は経営者である私の責任と常に告げており，職員に経営責任を問い，私を職員が監査するシステムをとっている。職員を使用人扱いし，使い捨てる者は人材育成を口にする資格はなく，それに見合った成果しか挙げ得ないと信じている」（古城，2006）と古城理事長は語る。通常の病院経営

者であれば,「改革には全職員の一致団結が必要である」といった理念，もしくは考え方に留まっているであろう。しかしながら，古城理事長は，意識変容により，病院職員を「使用人」ではなく,「共闘者」と位置付けるまでに，彼の考え方，準拠枠を変化させることにより，すべての経営数値を公開し，職員にも経営責任を問い，また経営者である自らを職員が監査するシステムを作り上げげたと考えられる。この経営への主体的関与を積極的に促す職員参加型経営のシステムの確立は，意識変容により，これまでの意味パースペクティブを捨て，集合的アイデンティティへと変容し，それがリーダーとしての行動にあらわれた顕著な事例である。

本節では2名のトップ・マネジャーの意識変容とリーダー行動をもたらしたアイデンティティの変容を紹介した。北野院長の場合，外科医としての視力の衰えの自覚したことが意識変容のきっかけとなった。さらに全国ランキングでも収入が低い大学病院として有名であった鳥取大学病院の経営立て直しを任されことが，これまで積み重ねた臨床医，診療科長の経験で形成した準拠枠を捨て去りアイデンティティを変容させる契機となった。古城理事長の場合は，病院倒産危機下，父親の急病という全くの準備がない状況での病院経営の継承がきっかけとなり，必然的に意味パースペクティブの再構築を余儀なくされ，アイデンティティの変容につながった。

次節では，意識変容によりアイデンティティを変容させたリーダーが，具体的にどのようにして行動に移したのか，アンラーニングに焦点を当てて記述する。

6.4 意識変容とアンラーニング

アンラーニング（unlearning）とは，既存の知識，スキル，価値観を批判的思考によって意識的に棄て去り，新たに学び直すことと定義される概念で，組織論，組織学習論において注目されているが，最近の研究では個人レベルにおいても適応できることが知られており，第3章でも議論した。個人や組織が激しい環境変化に適応して，継続的な成長を遂げるためには，いわゆる学習（ラーニング）と学習棄却（アンラーニング）という，2種類の一見相反する学びのプロセスのサイクルをたえず回していくことが不可欠とされている[11]。

本節では，変革型リーダーがキャリアの節目で，意識変容によりこれまでの準拠枠，価値観を棄却し，これまで培った経験学習をアンラーニングし，リーダー行動を変化させた，2つの事例を記述する。2つの事例とは，伯鳳会グループの古城理事長による地域外への事業展開，そして，病院規模のダウンサイジングと「真庭の奇跡」と呼ばれる長年のライバル病院との提携を推進した金田病院 金田理事長の事例である。順に記述し，分析する。

■ 事例：伯鳳会グループの地域外への事業展開（伯鳳会グループ赤穂中央病院古城理事長）

前節までに述べたように，伯鳳会グループ赤穂中央病院の古城理事長は，意識変容によりアイデンティティを変容させ，病院経営を立て直した。さらに古城理事長は，それまで父君や経営継承間もない頃から自らがおこなってきた経営手法や価値観を捨て去り，「M&Aによる地域外への展開」という新たな事業スタイルを確立した。古城理事長いわく，病院経営者には2通りある。1つは自らが経営する既存の病院を隅々までピカピカに磨き上げ，強化し，その病院の周辺事業を補強することで，当該病院の価値を極限まで高

11　日本の人事部HP（https://jinjibu.jp/keyword/detl/538/）から引用（2021年11月1日閲覧）。

めようとする経営者。ほとんどの病院経営者はこのタイプに当てはまる。もう1つは，経営する病院の充実に一定の成果が出たと考えた場合，他地域での次なる創業を模索する経営者である。古城理事長は後者である。地域別・年齢別の人口推計をもとに医療需要係数を算定し，医療需要予測を元に，進出すべきかどうか投資判断をおこなっている。表6-1は，伯鳳会グループが進出している地域と医療需要のタイプ，2009年から2012年に行った新規事業と投資額の一覧である。医業をおこなう地域を限定せず，地域に多様性をもたせることにより新たなポートフォリオを形成し，投資を分散させて安定性の向上を図るとともに，規模の拡大による経営安定性の向上も図っている(古城，2013)。

前者の「1つの病院をピカピカにする」病院経営者の中には，地域の医療需要が減少することに抵抗し，医療需要の維持・改善を図るために，町おこし，地域の振興にまでも尽力している優れた病院経営者がいる。しかしながら，古城理事長は後者のM&Aという手法を用いて，地域外へと自らのグ

表6-1　伯鳳会グループの進出地域および投資

進出地域	事業規模	医療需要タイプ	新規事業（2009-2012年）	投資額（2009-2012年）
赤穂市	95億円	②，③	特養60床，新規病院5床	6億円
明石市西部	12億円	①	病院移築新築（97床）	19億円
姫路市	9億円	①，②		
神河町	4億円	③	老健78床	9億円
大阪市此花区	50億円	①，②	病院移転新築（482床）	60億円
東京都墨田区	30億円	①	病院（199床），老健（119床）	35億円

①：医療需要ピークが遅く，ピークが高い：積極投資
②：医療需要ピークの時期，高さが平均的：現状維持
③：医療需要ピークが早く，ピークが低い：退却
出所：古城（2013）

ループを展開している。古城理事長は経営者の心理的側面を次のように語っている。

古城理事長

以前はここ赤穂の病院1つしか経営していませんでした。ここ以外に勝負するところがなかったので,「近隣の病院にこの器械が入った」とか「こんな医者がいる」とか「どこどこのドクターが辞めた」,「医局が医師を引き上げる」とか,いつも周囲のライバル病院の動向に戦々恐々とし,心休まる暇もなかった。しかしながら,今は広域で事業を展開しているので,トータルでプラスになっていればいいと思っている。全勝優勝でなくてもよい。8勝7敗をずっとやっていたら番付はだんだん上がっていく,そういう感じになっています。一部の地域で敗れても,他の地域で勝っていればよい。1つの病院を一生懸命やっている経営者よりも僕の方が楽だと思います。拠点がたくさんあると体力は必要だが,気持ちはむしろ楽です。これまでに閉鎖した診療所が1ヶ所と閉鎖したデイサービスセンターが2ヶ所ありました。小規模を大規模のデイサービスに転換した1ヶ所を加えて計4ヶ所において事業を失敗していますが,全部で70事業あるから。だから,66勝4敗なので大丈夫です。私の心は以前より平穏で,鬱々と悩むことも少なくなりました。

高齢化が進み,人口減少が顕在化している地方では,将来,病床が余ることが懸念されている。実際に,岡山県中北部では病床稼働率が低下し,経営環境が悪化している病院もある。

次に,病院規模のダウンサイジングと「真庭の奇跡」と呼ばれる長年のライバル病院との提携を推進した金田病院 金田理事長の事例を記述する。

■ 事例:病院規模のダウンサイジングおよびライバル病院との提携(金田病院 金田理事長)

金田理事長は古城理事長と同様に2代目病院経営者である。金田理事長も，トップ・マネジャーに就任し，ものの見かた，価値観を変えたと次のように語っている。

金田理事長

病院経営には3つの視点があると言います。「鳥の目，虫の目，魚の目」と。とくに，鳥の目，すなわち，広い視野で物事をみることが大切です。これまで細かい専門性を追求して，診療には長けているけれど，院長になっても，全体がみえない人多いじゃないですか。社会経済の中で医療が成り立っています。財源別に医療費をみると，患者の自己負担は12％だけです。残りの49％を保険者が負担し，39％が税金で賄われている。つまり，患者以外の保険者と国民が，医療費の78％を負担している。じゃあ，「本当の病院，医療組織にとって顧客は誰なのか」と，経営者になって問い直しました。臨床医の頃は，医療は患者さんのためにあるって，我々医学生の頃から，徹底してその理念のもとに働いてきたじゃないですか。でも，病院経営者になって，広い視野でみてみると，目の前の患者は12％分しか医療費を支払っていないのですよ。顧客は，49％を支払っている保険者であり，39％も税金として支払っている国民ですよ。臨床医のときは，目の前の患者ばかりみていたけれど。院長になれば，広い視野からものごとをみて，考えなければならない。マネジメントしていくというのはそういうことじゃないのかな。

トップ・マネジャーに求められるのは，キャリアの節目において，価値観の変化，アイデンティティの変化をきたすような意識の変容であると思われる。意識変容することなく，臨床医には有効であった経験学習プロセスを適用しようとしても，トップ・マネジャーとしての役割を果たすためには有効ではなく，むしろ失敗する可能性が高くなることがインタビューから示唆される。金田理事長は，これまでの経営手法を捨て，病院規模のダウンサイジングと「真庭の奇跡」と呼ばれる長年のライバル病院との提携という経営戦略を選択し，実行した。

金田病院のある岡山県真庭市は岡山県中北部に位置する市（人口約4万6千人，老年人口割合36.7％；2015年時点）で，金田病院は旭川と備中川が合流する町の中心部に存在する。2021年現在，病床数172床，常勤医13名，非常勤医師35名，看護師94名を含む職員数287名からなり，地域医療を担っている。

金田病院は，1951年に開院。経営形態は，個人病院→医療法人→特定医療法人→社会医療法人と，公益性の高い法人へと脱皮を繰り返している。病床数は最大278床（1977年）だったが，その後36年間に5回にわたり計106床（38％）の戦略的ダウンサイジング（リストラなし）をおこない，2021年現在の病床数は172床である。金田理事長が早期に病床削減を決断したきっかけは『国民衛生の動向』（厚生統計協会刊）だった。全国の年齢階級・傷病分類別入院受療率を基に必要病床数を推計すると，旧真庭郡落合町の病床過剰は明らかであった。地域内では急速に介護施設建設に向けての動きが活発化していたが，金田病院法人内で協議した結果，金田理事長は競合する施設は作らない方針をとった。将来の人口減少も踏まえ，病床規模の適正化と医療の質向上，患者環境と就労環境の改善に資源を集中させる戦略をとった。そのためには近隣の医療機関・介護施設との緊密な連携が不可欠であった。

金田病院から旭川を挟んで直線距離で400mのところに落合病院という，ほぼ同規模の総合病院がある。開院以来約50年間にわたり同病院とはライバル関係にあった。落合町で事故があると両病院が救急車を派遣し，けが人を互いに呼び込みあいをするなど患者の獲得を競ってきた。その激しい競い合いのため，地域関係者からは「川中島の戦い」と評されてきた。しかしながら2002年に転機が訪れた。岡山県中北部は近年人口減少が著しく，病院を取り巻く経営環境は悪化の一途を辿っている。金田理事長の強い呼びかけを契機に，旧落合町内の落合病院，河本病院，金田病院で「落合3病院長会」を作り，毎月意見交換会を開催するようになった。2011年に河本病院（148床）が倒産後は，真庭市国民健康保険湯原温泉病院を加え「真庭3病院会」として，毎月意見交換会を開催し，2012年には通算147回に達している。さらに金田理事長は2010年，ライバル関係にあった落合病院と金田病院，両法人の経営幹部が今後の経営計画等について率直に意見交換する「落合病院金田病院連携推進協議会」を立ち上げた。隔月に互いの病院に集い，2016年までに計36回開催されている。このような相互努力により，将来の病院経営に対する危機感の共有と共に両病院の信頼関係はしだいに醸成され，近年では金田病院への紹介元医療機関第1位が落合病院，金田病院からの紹介先医療機関第1位が落合病院という姉妹病院関係に発展している。この劇的な関係改善は「真庭の奇跡」として知られている。

金田理事長

人口減少が急速に進むこの地域で，金田病院だ，落合病院だという時代ではない。地域医療連携推進制度を使った大きな意味での統合を視野に入れている。危機に向かって行くときには，対峙するのではなく，どのようにすれば同志になれるかです。時代の変化というのは大津波が来るのと一緒なんです。だからその大津波をどうやって乗り越えていくかということ。組織をまとめるのも，敵を同士にする方法も危機感の共有です。危機感をまずは，職員同士で共有しようと。そうしたら職員が同志になる。ベクトルをそろえる。これがマネジメントです。落合病院ともそう。負けるものかって争っていても，このままではお互いに生きていけない。どうやったら危機感を共有できるのか。そのためには，しっかり勉強する。我々が勉強したこと，もっている情報を，惜しみなく相手に提供する。当初，落合病院と意見交換会を始めようとしたとき，「何でそんなことしようとするのか？　お前，この病院を乗っ取りに来たのと違うのか？」と，こんな感じでしたから。

金田理事長がインタビューで答えているように，近隣のこれまでの病院経営者は，相手を意識し，パイを奪い合う競争に明け暮れていたという歴史があった。しかしながら，金田院長は，人口減少による患者減少という現実を見据え，これまでの常識では考えられない病床数を減らすというダウンサイジングの戦略を選択した。さらに，危機感を共有することの重要性を近隣のライバル病院にも訴え掛け，連携に成功した。金田理事長は，臨床医時代は，自らの能力，専門性をいかし，己の責任においてのみで仕事を遂行しさえすればよかった。しかしながら，トップ・マネジャーの役割は，部下，周囲，敵対する相手でさえ協力をとりつけ，リエゾンとして新たな役割を創出し，リーダーシップを発揮することであると断言している。まさに，集合的アイデンティティの水準へ自己概念を高めたリーダーの行動であると言える。

そうは言っても，人はなかなか変わることができない。なぜ，変革型リーダーはアイデンティティを変容し，これまで獲得した知識やスキル，さらには価値観を捨て去ることができたのであろうか。また，本当に捨て去っているのであろうか。

医師は，経験学習を通じて自らのプロフェッショナリズムを涵養し，能力を高めるべく努力し続ける。プロフェッショナルとして専門能力を高め，眼前の患者を治したいという思いを形成する個人的アイデンティティや関係的アイデンティティを大切に思っているはずである。優れた医師であればあるほど，こだわりがあり，意識変容がおこりにくいのではないか。これまで成功してきた医師だからこそ，キャリアの節目，また不安定な状況になったとき，自らのプロフェッショナリズムを守り，「自分らしさ」を前面に出して行動することが多いとも思われる。

なぜ「Authenticity Paradox（自分らしさの罠）」に陥らずにアイデンティティを変容させることができたのであろうか。

6.5 自己複雑性とアイデンティティ

リーダーは自己のアイデンティティの水準を，個人的水準，関係的水準，集合的水準と変容させながら，リーダーシップ機能を発達させる（Lord & Hall, 2005）ことは，これまで述べてきたとおりである。しかしながら，個人が有するアイデンティティをこれら３つの水準のどれか１つにあてはめることができるほど，アイデンティティというものは単純ではない。個々のアイデンティティは同質的（homogeneous）ではなく，これら３つのアイデンティティが混在した異質的（heterogeneous）なものに違いない。臨床医，診療科長，病院長等のトップ・マネジャーへと職階が上がれば，求められる役割も多様化し，役割アイデンティティの幅，深さとも大きくなり階層化する。接触する相手の数，関わり合うステークホルダーの数，種類が増えれば，その相手がどのような立場であるかにより自分のあり方を変えなければならない（田中，2013）。したがって，リーダーの発達は役割アイデンティティの多様化の過程であると田中（2013）は主張している。

臨床医のときは，接触関係する対象は，主に同僚医師，患者，患者家族であったのが，診療科長になれば，他診療科医師，コメディカルなどへと拡がる。さらにトップ・マネジャーの院長になれば，院内だけでなく，連携病院，医師会，取引業者，メディア，銀行など，接触対象の数は増え，役割アイデンティティの幅，深さとも大きくなり，対象により自分のあり方を変えていくことを求められる。

すなわち，リーダーとして発達するにしたがい，接触する対象が増えることにより，それに対応する自己側面数が増し，また，それらが分化することにより自己複雑性[12]が増す。自己複雑性が増し大きくなることにより，包含されるアイデンティティの数や内容もまた複雑性が増すと考えられる。

国立長寿医療センターの大島伸一名誉総長は，社会保険中京病院泌尿器科において，泌尿器科のプレゼンスならびに腎移植医療を確立し，副院長に就任した。将来の院長を嘱望されてのものであり，事実上の院長就任であった。基本的な考え方，リーダーシップのスタイルはこれまでの臨床医，診療部長時代と変わっていないと大島名誉総長は語っている。ただ，社会保険中京病院の経営を任された当初，臨床医，プロフェッショナルとしての仕事の

12　自己についての知識を認知的に集約するために使用される観点（aspect）の数と，それらの観点が総合的に関連している程度。

比重が小さくなる一方，経営者としての比重が増すことに対して，かなりの葛藤があったようだ。大島名誉総長は「片足を抜く」という言葉を使って，その葛藤を表現している。

大島伸一名誉総長

どっぷりと臨床医をやってきたので，本当に片足を抜くときは，かなりの葛藤がありました。生活が，がらりと変わったので。世のため，人のため，患者のため，あるいは病院職員のためだけにやっているかと聞かれると，そうですと言えるほど自分が純粋な人間だとも思わない。しかし，引き受けたら引き受けたことに対する責任は果たさなきゃいけないと感じた。

しばしば，異なるアイデンティティ水準は，相互に矛盾した性質をもつ。そのため，リーダーの発達過程において，自己複雑性が小さければ包含されるアイデンティティの数も少ないため，異なるアイデンティティ水準を共有させることで，アイデンティの性質の違いに起因する葛藤が顕在化しやすい。また，求められる役割アイデンティティと現実のアイデンティティ水準の乖離が，キャリア節目（臨床医→院長）での葛藤につながる。

大島名誉総長も，臨床医からトップ・マネジャーへのキャリア・チェンジに葛藤を感じたと語っている。この葛藤こそが，本章 6.1 節で詳述した臨床医時代に経験学習の中で形成した準拠枠では越えられない「溝」であると考える。この「溝」を飛び越えることに伴う困難さや寂しさを「片足を抜く」という言葉が表している。

しかしながら一方で同氏は，医師としてのキャリアのスタート時点において，自らの医師人生の設計図を描いている。その設計図に従って，自らの手で移植医療ができる体制を整え，組織を構築した。トップ・マネジャーに就任する覚悟は既にできており，迷いはなかったと語っている。すなわち，キャリアの早い段階において，自己複雑性は大きく，集合的アイデンティティが優位であり，トップ・マネジャーへの就任時，一過性の葛藤はみられたものの，比較的容易にアイデンティティを変容させ，「溝」を飛び越えることができたのである。

大島伸一名誉総長

ただ，私は最初に自分が医者になって移植をやろうというふうに思ったときに，外科医ですよね。最初の10年は，とにかく技術を身に付けると，次の10年は身に付けた技術をとにかく縦横無尽に駆使すると，30年で残りの10年は下にきちんと伝えると，こういうふうに大体，医師人生の設計を立てたんですよね。

最後に，自己複雑性を増大させ，集合的アイデンティティを顕在化させた伯鳳会グループ赤穂中央病院の古城理事長は，病院のリーダーは「守るべきものは個人ではなく組織」であると語っている。

古城理事長

ドクターも看護師も検査技師もレントゲン技師も掃除のおばさんに至るまでみんながいい仕事をしないと病院はよくならないでしょう。病院というのは誰か1人がすごく仕事ができて，すごく頑張ったら成り立つかといったらそんなことは全くない。ほぼすべての人が水準以上のことをやって，そこにプラスアルファにがんばる人が少しいて，ようやく経営が成り立つのです。だから，それがわかってないトップ・マネジャーはダメですね。確かに病院の中にスター的なドクターがいたり，非常にアカデミズムで有名だったり，あるいは手術が上手で患者がものすごく付くとか，そういう人は専門職としても，管理職としても病院に必要な人材ではあるが，その人だけをスターのように優遇したり，それだけの理由で管理職に就かせたりするのは絶対にダメですね。

病院のトップ・マネジャーの重要な仕事は，職員全員に安心を与えることですね。もちろん組織内には競争もあるし，成果で個人を評価しなければならないが，そうは言っても「この病院にいれば安心だ」とか，「この病

院で働くことは楽しい」とか，そういう環境を作らないとダメです。そうすると，すべての職種の人のことを考えてあげないとダメなんです。一部の職種のことだけを考えていてはいけません。

病院とは集団劇です。宝塚みたいにトップ・スターだけにスポットライトが当たるような舞台ではありません。「仁義なき戦い」の映画みたいに，いろいろな俳優が出てきては活躍する，誰が主演かよくわからないみたいな。そのような舞台が病院なんです。だって主演の菅原文太より，脇役の金子信雄の方が出演時間が長いでしょう。だからリーダーは端役の1人ひとりまでが生き生きとして働けるような環境を作らなければいけない。

それがなかなか難しいが，大切なことは，1つには，経営数値的に必ず黒字にして，倒産のリスクをなくすことで職員に安心を与えるということです。もう1つは，給料が高いこと以上に，給料に納得性があることが大事です。「何でこの人と私とはこれだけの給料の差があるのか」という訴えにもきちんと説明できれば問題ありません。職員の納得が得られなければダメです。職員が納得して働ける，安心して働ける，「自分は正しく評価されている」と思うような，そういう経営環境を作らないとダメですね。

古城氏は，臨床医のときは対患者の関係性の中で医療をおこなうことに専念していたが，経営者になり，関係する人の数も急速に増え，自己複雑性も高くなっている。自己複雑性が増し，アイデンティティが高い水準に変容したため，リーダーとして様々な資源を仕分けができるようになると同時に，的確な意思決定が可能となったと考えられる。「病院を集団劇と捉え，すべての職員にスポットライトをあてる役割を自らに課すのが経営者である」という価値観は，集合的アイデンティティへの変容を示唆するものであり，大変興味深い。また，次のようにも語っている。

古城理事長

臨床を15年なり20年やったのは，医療の現場を知る意味において重要であったと思いますが，経営やマネジメントには全然役に立っていません。

役に立ったのは，何といっても高校生のときから社会人になっても計13年間やったアメリカンフットボールです。これに尽きます。フットボールでチームが勝てるようなチーム作りをする要領で，病院経営をすれば必ず勝てます。社会人でアメフトをしているときはクラブチームでした。「フットボールが好き」ということ以外にはチームメンバー間に何も共通項がないのです。全員が職業もバラバラで，学校も当然バラバラで，フットボールに対する気持ちも各人がバラバラ，全部フットボールに対する価値観が違うわけです。それをまとめ上げていかないと勝てないんです。［中略］チームメンバーは，フットボールに対する価値観が個々違って，生活環境も全部違う人たちで，なおかつフットボールというのはポジションによって全然やることが違って，肉体的素養も違うし，練習する内容も違うし，求められる身体能力も全部違うのです。そういうメンタリティーもポジションによって全部違うんだけども，そういうものを全部「勝つ」ということに集約させて練習を積み上げて作戦を決めて，それを徹底させて，やっと初めて勝てる。だから，そういうバラバラな人たちに「勝つ」ということの価値を重んじるようなチームにするためにどういうふうにモチベートしていけばいいだろうか，どのような言葉を発すればいいか，どのような態度で示せばいいか，そのようなことを学びました。ただ，はっきりわかったことは，チームは勝てば強くなるんです。強いから勝つんじゃなくて，勝ったら強くなるんです。チームが勝てば勝つほど，メンバーのモチベーションが上がり，バインディング固まって強くなるので，やはりいかに早い時期から小さな勝利を積み上げて成果を共有するかということです。医療の経営もそれに尽きると思います。守るべきは個人ではなく組織と心しています。

古城理事長が，臨床医として自らの医療技術を磨くことに傾注していた頃には，アメリカンフットボールでの経験が医療技術の習得に直接活かされたわけではなかった。しかしながら，病院経営者となり様々なステークホルダーとのやり取りをし，独自のネットワークを構築するようになったとき，あらためてアメリカンフットボールで培った経験が，トップ・マネジャーにとって必要であると気付いたのである。病院にはアメリカンフットボールのチームのように多種多様な人間が仕事に従事している。病院職員全てに安心感を与え，輝かせるような舞台を用意することにより，傾いた病院を立て直すことができたのは，アメリカンフットボールのチームを率いた経験によるものであると，古城理事長は語っている。アメリカンフットボールの経験で獲得した能力は，臨床医としての能力には必要でなかったかもしれないが，トップ・マネジャーになって求められる役割が変化し，アイデンティティ水準の変容とともに，光が当てられる経験の領域が変化したと考えられる。これまでの経験の意味を改めて問い直し，再解釈することにより，従来のスキルや価値観を棄却するアンラーニングが可能となり，病院経営に反映されたと考えられる。

6.6 小括

本章では，何が変革型リーダーのアイデンティティを変容させたのか。また，変革型リーダーたる病院のトップ・マネジャーは，なぜスムースにアイデンティティを変容できたのかという調査課題を解決するため，インタビュー調査を通じて病院における変革型リーダーの行動を分析した。

まず，キャリアの節目，とくに臨床医ないしは診療科長から，院長になる段階において，リーダーであれば誰しも，その発達局面において飛び越えなければならない経験学習プロセスの断絶，非連続性の「溝」が存在することを明らかにした。求められる役割アイデンティティと現実のアイデンティティ水準の乖離が「溝」であり，この溝を飛び越えるときに葛藤が生じる。また，アイデンティティを変容させずにこれまでの価値観，準拠枠に留まったまま，「溝」を飛び越えようとすれば，リーダーは authenticity paradox（自分らしさの罠）に陥るのである。

また，今回調査した変革型リーダーは，リーダーとしての発達過程において自己複雑性を増大させることにより，アイデンティティを個人的アイデンティティから関係的アイデンティティ，集合的アイデンティティへ水準を高めていた。キャリアの節目のような心理的危機下で，これまでの準拠枠では対応できない経験をしたとき，リーダーがこれらの経験を批判的に振り返ったことが重要であった。例えば古城理事長のようなキャリアの節目における批判的な振り返りが，長い間抱き続け組み立てられた前提，信念，価値観を吟味することを伴ったために，意識変容によりこれまでの準拠枠，価値観を再構築し，アイデンティティを変容することにつながったのではないか。つまり，批判的な振り返りが，これまで意味がないと思われていた経験にも光を当て，経験を再解釈することで，新たな意味パースペクティブを構築し，アイデンティティを変容させたのである。言いかえると，これまで経験学習で培ったスキルや方法をアンラーニングすることにより，authenticity paradox（自分らしさの罠）に陥らずに，リーダー行動を変化させ，新たなリーダーシップを発揮することができたのである。

第7章 結論

7.1 要約と結論

これまで，3つの調査課題を設定し，第5章，第6章で事例を挙げて説明してきた。本章では，その1つひとつに対する答えをまとめ，本研究の目的である，「病院において医師がいかにして変革型リーダーになるのか」，また，「変革型リーダーになるまでのプロセスはどのようなものであるか」を明らかにしたい。

第1の課題は，「病院における変革型リーダーとはどのような人であり，また，どのような役割を担い仕事をしているのか」である。金井（1989）は変革型リーダーとは，一方で，変化へ自然な抵抗をうまく克服しながら，他方で変化していく方向に夢，ビジョンを与え，人々を変化の波に乗せることができるリーダーであるとしている。もともと変革型リーダーシップ理論は，電気・電子産業，自動車産業において日本をはじめとする外国企業の攻勢を受ける中での，社会的・政治的価値観の多様性，経済の成熟化に伴う消費者行動の変化など環境要因の変化への適応を求められた1980年代の米国において，盛んに議論された（小澤，2018）。このような状況で企業のトップ・マネジャーに必要なのは，オペラティブ・ルーティンの効率的遂行ではなく，変化する市場環境への適応こそが重点課題であった。医療保険財政の悪化にともなう政府の医療費抑制政策や患者の医療に対する意識の変化など激しく変貌する環境への適応が求められているという点において，かつての米国の状況と日本の医療環境は酷似しており，生き残りを賭けた病院経営を担う変革型リーダーが求められている。

Mintzberg (1973) が明らかにしたのは，マネジャーの行動は断片的であり，それら断片的な行動を通して，多様な役割を遂行していることであった。また，Mintzberg と同じくトップ・マネジメントを探求した Kotter (1982) は，企業における有能なゼネラル・マネジャーの行動の共通点として，戦略的課題をアジェンダとして設定し，その実現に不可欠な人々とネットワークを構築していることを見出した。本書では，プロフェッショナルである医師を調査対象とし，また，トップ・マネジャーへのリーダーとしての発達の視角から，彼らの行動を捉えることを試みた。かつて病院は経営を考えなくてもいい時代があった。そのような時代では，Etzioni (1964) が指摘するように，成功している医師は，その専門の価値に帰属して，管理的役割を拒否する者もいた。また，管理的役割を進んで引き受けるような人は，専門の価値にあまり献身していないか，またはそのような役割を生涯の仕事としてではなく，一時的な身分だと思って務めているものとされていた。管理的な業務は事務長に任せ，慣習的な仕事をただこなしているトップ・マネジャーは，いまだ多く存在する。

一方で，本研究で調査した病院のトップ・マネジャーは，臨床医として診療を続ける傍ら，医師・看護師の確保，医療品質管理，病院経営分析，戦略策定など具体的な仕事内容は多岐にわたっていたが，管理的な仕事を担っていた。そして変革型リーダーとされる彼ら病院のトップ・マネジャーの行動の特徴は，(1)独自のネットワークを築き，(2)慣習にとらわれないアジェンダを設定し自らの役割を創出していること，の2点であり，Mintzberg (1973)，Kotter (1982) らが示したゼネラル・マネジャー像とほぼ同じ特徴がみられた。

第3章で議論したように，医師はプロフェッショナルとして卓越した医師になることを志し，経験学習を重ね成長するが，一方で病院組織内では，一臨床医から，管理職である診療科長，さらには，経営責任を負う病院長というトップ・マネジャーへとキャリアパスの階段を上がる過程において，リーダーとしての発達も求められる。しかしながら，病院のトップ・マネジャーは，必ずしもすべてが変革型リーダーとは限らないし，なれるわけでもない。インタビュー調査では，臨床医時代の経験は，トップ・マネジャーの仕事に何ら役には立っていないと，ほぼ全員の変革型リーダーたるトップ・マネジャーが答えている。そうだとすれば，いつ，どのようにして，病院のトップ・マネジャーは変革型リーダーとしての能力を獲得したのかという疑問が生じる。病院におけるリーダーの発達において，経験学習により医学的知識，能力を獲得し，その機能を量的に発展させていくだけでは十分ではなく，トップ・マネジャーになれば，アイデンティティの水準も個人的アイデンティティ，関係的アイデンティティ，集合的アイデンティティと高い水準へと変化させ，リーダーシップ機能も変容させる必要があることが，インタビュー調査から判明した（図 7-1）。

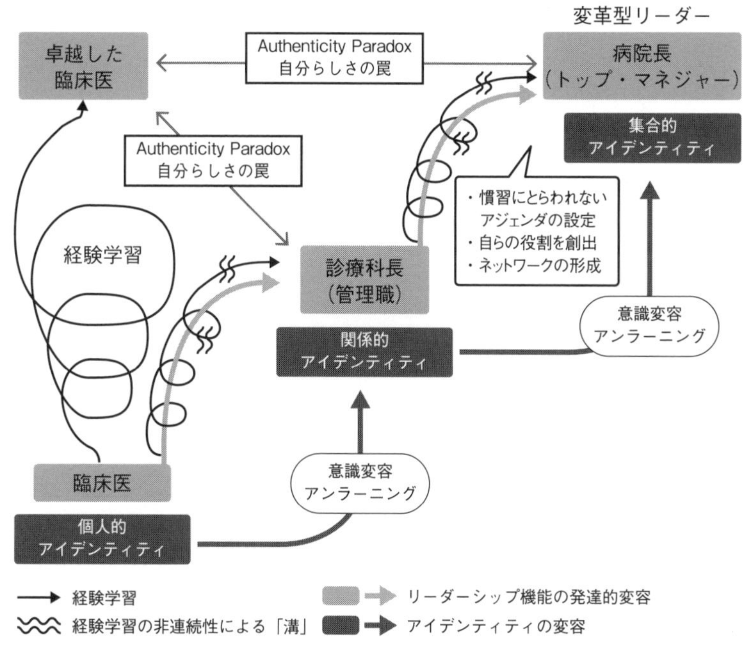

図 7-1　病院における変革型リーダーの発達的変容

第2の調査課題は,「何が変革型リーダーのアイデンティティを変容させたのか」である。臨床医であれば誰しも患者診療を通じ経験学習を積み重ね医療技術の習得に努めること,また,プロフェッショナルとしての倫理的価値観を身につけることを,キャリア早期から個々のアイデンティティに刷り込まれる。自らのアイデンティティを個人的水準で捉え,自らの医療技術の習得に専心することにより,卓越した臨床医,プロフェッショナルへと成長する。臨床医なら誰しも,この卓越した臨床医になることを目指す。一方,病院組織に目を転じると,臨床医として年数を重ね,卓越した臨床医になれば,管理職である診療科長になることを望まれる。診療科長には後進の医師を指導し育てる役割だけではなく,他の診療科やコメディカルと呼ばれる他のプロフェッショナルとの連携も求められる。周囲のコメディカルの反応や患者,その家族など人間関係を深く理解できるようになり,フォロワーの能力,考え,性格を統合しながら診療科を運営するには,これまでの「私は,……」という個人的アイデンティティではなく,より高い水準である関係的アイデンティティが必要である。さらに,トップ・マネジャーになれば,自らを病院組織の構成員として捉え,「私たちが,……」という考えが基底となる集合的アイデンティティが求められる。今回調査した変革的リーダーとよばれる病院のトップ・マネジャーは皆,そのアイデンティティを高い水準である集合的アイデンティティに変容させ,自らを,そして所属する病院を,俯瞰的に捉えていた。彼ら変革型リーダーに共通する行動の特徴は,独自のネットワークを構築し,慣習にとらわれないアジェンダを設定し,自らの新たな役割を創出していたことであった。

巷間では「立場,肩書が人を作る」と言われるが,診療科長,トップ・マネジャーという職階,役職が自然にアイデンティティを変容させたわけではない。役職が変わり,求められる役割アイデンティティと現実のアイデンティティの乖離が,キャリア節目での葛藤につながる。この葛藤こそが,臨床医時代に経験学習の中で形成した準拠枠と,トップ・マネジャーに求められる価値観との間に存在する「溝」である。この「溝」を飛び越えることに伴う困難さや寂しさを感じさせた経験や出来事を，今回インタビュー調査した変革型リーダーは，「片足を抜く」，「メスを置く」，「覚悟を決める，腹をくくる」という言葉で表現していた。誰もがこの経験学習の非連続性の「溝」（図 7-1，2 重波線）を飛び越えることができるわけではない。とくに，卓越した臨床医であればあるほど，元来の準拠枠が強固であるため，「溝」を飛び越えることは容易ではない。「片足を抜く」，「メスを置く」，「覚悟を決める，腹をくくる」と表現した経験自体が重要であったわけではなく，彼ら変革型リーダーがこれらの経験を批判的に振り返ったことが重要であった。キャリアの節目における批判的な振り返りが，長い間抱き続け組み立てられてきた前提，信念，価値観を吟味することを伴ったために，意識変容によりこれまでの準拠枠，価値観を再構築し，アイデンティティを変容させたのではないか。それにより，これまでの経験学習で培ったスキルや方法をアンラーニングし，リーダー行動を変化させ，新たなリーダーシップを発揮することができたと結論するに至った。

第 3 の課題は，「変革型リーダーとよばれる病院のトップ・マネジャーは，なぜスムースにアイデンティティを変容できたのか」である。キャリア前半の臨床医から診療科長に至る過程は，職業的アイデンティティを確立する過程であり，医師がリーダーとして発達する上で大変重要である。高度で体系的な技術や知識を身につけなければならない医師は，動機付けもさることながら，通常は長く苦しいフォーマルな社会的過程を通り抜けなければならない。その上で，専門家の集団が社会の中のもう 1 つのコミュニティーであることを示し，その中へ入ろうとする個人には，それ相応の決断と意思が必要であるとしている。そして，これらの専門家は，すべて特殊な社会化過程を通して訓練されることによって，そのコミュニティー共通の価値体系，役割意識，言語，アイデンティティを身につけなければならない（中野，1981）。つまり，自らが所属する組織やコミュニティーに，自らコミットメントすることが重要であり，個人的アイデンティティだけでなく，関係的アイデンティティ，さらには集合的アイデンティティへの変容が必要であると考えられる。自らのアイデンティティの水準を高め，自己を取り巻く社会，文化，他者を含めた環境に関わっていく中で，特定の社会的役割に応え，役割を果たす者としてその社会から認められることで自らを定位させていくことが重要であると考える（前田，2009）。

前章でも触れたが，国立長寿医療センターの大島伸一名誉総長は臨床医として修練中，そして診療科長になってからの自らの行動を次のように語っている。

当時，移植医は私１人だけであった。走りまくって何もかも１人でやっているような状況だった。なかなか移植の成功率をあげられない日々が続き，寝食を忘れ，24時間病院に張り付いて患者を診ているような生活だった。移植チームの責任者になったとき，手術室に行くのは怖くて仕方がなかったですよ。何かあればみんなが私の顔をみますし，すべての責任が私のもとへ来ますからね。患者のためには一切妥協することはなかった。そのスタイルを私だけでなくチーム全員に求めました。みんなピリピリしていましたよ。

大島氏はキャリア早期から一切妥協を許さない「大島スタイル」と呼ばれる独自のリーダーシップで移植チームを統率した。大島氏はキャリア早期に自ら診療科を設立し，彼の行動の主眼は，移植チームの医療技術の上達だけでなく，移植チームが持続的に成長するための経営基盤の確立におかれていた。つまり，病院経営全体から移植医療を俯瞰していたのである。彼はキャリアの早い段階で自らのアイデンティティを水準の高い集合的アイデンティに変容できていたからこそ，トップ・マネジャーに就任してからもスムースに，自らのリーダーシップ機能を経営者として必要なものへと変容させていたと考えられる。

個人のアイデンティティは決して homogeneous なものではなく，様々な自己概念の水準を包含した heterogeneous なものである（図 7-2）。権限が

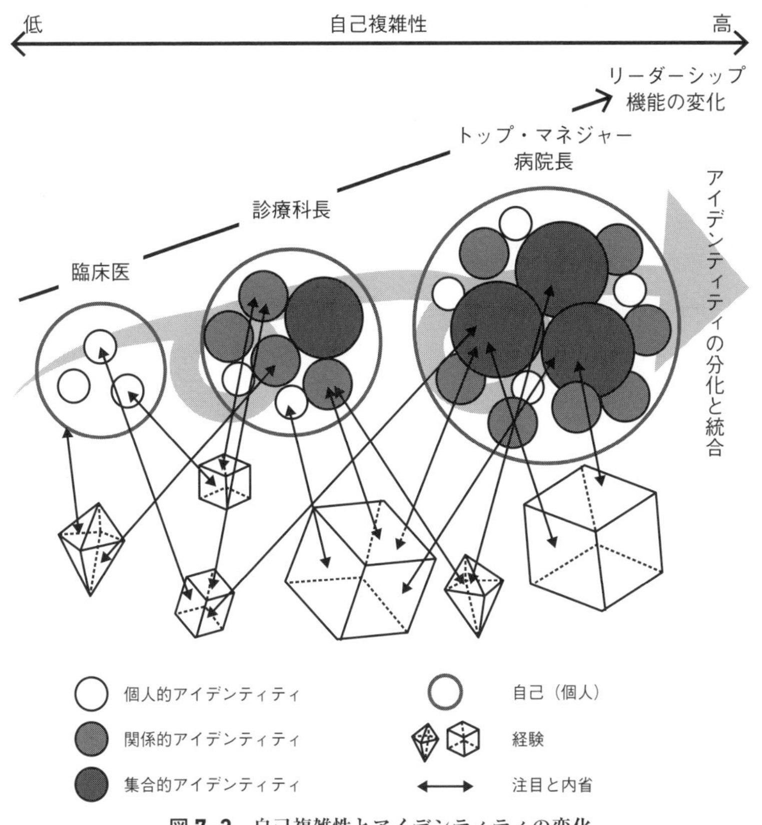

図 7-2　自己複雑性とアイデンティティの変化

大きくなり執行責任を多く抱えるほど，リーダーは多面的な視座から自己概念やアイデンティティを構成する必要性に迫られる（田中，2014）。変革型リーダーは，アイデンティティの分化と統合を繰り返しながら，自己複雑性を増大させ，様々な異なる水準のアイデンティティを包含し，集合的アイデンティティが優位となるトップ・マネジャーとして発達を遂げるのである。自己複雑性の高い変革型リーダは，多様で，相互に異なる性質をもつアイデンティティにも戸惑うことなく，より水準の高いアイデンティティに変容し，リーダーシップ機能を高めたと考えられる。

人間というものは，なかなかそう簡単に変わることはできない。変化が不安を生み，また，その不安が変革を阻むという人もいる。今日，VUCA[1]とよばれる病院を取り巻く環境下で，経営を任されたトップ・マネジャーは，変革の必要性，重要性は理解しているものの，自らのスタイルを変化させることの不安から，しばしばオーセンティック・リーダーシップを追求し，過去の経験，慣れ親しんだ価値観，プロフェッショナリズムに囚われすぎて身動きができなくなる（Ibarra, 2015）。しかしながら，この authenticity paradox（自分らしさの罠）に陥ることなく変革型リーダーとして成功しているトップ・マネジャーも存在する。自己複雑性が小さければ，包含される異なる水準のアイデンティティが対立し，葛藤や不安を引き起こす。一方で自己複雑性が大きく，発達したリーダーは，内部に異なるアイデンティティを数多く包含し，より水準が高い集団的アイデンティティを顕在化させることにより，多様な自己概念に戸惑ったり葛藤したりすることなく，環境に適合的かつ的確なリーダー行動がとれるのである。

Merriam & Clark（1993）は経験するだけではなくて，その経験が注目され，内省されてはじめて，学習が生起され，能力となると述べている。リーダーとして成熟し，求められる役割が変化し，アイデンティティ水準の変容とともに，光が当てられる経験の領域が変化し，トップ・マネジャーになってはじめて気づく経験が存在する（図 7-2）。アンラーニングとは，それらの経験の意味を改めて問い直し，再解釈する「学びほぐし」という行為にほかならない。アンラーニングは学習棄却と訳され，過去のスキルや価値観を捨て去ることと定義する人もいるが，本書では，アンラーニングとは，上述のように，アイデンティティの変容により，これまで光を当てていなかった経験についても再解釈し，価値観を再構築することと考えたい。したがって，自己複雑性の大きい変革型リーダーは，authenticity paradox（自分らしさの罠）に陥ることなく，リーダーシップを発揮できると考えられる。

1　Volatility（変動性），Uncertainity（不確実性），Complexity（複雑性），Ambiguity（曖昧性）という 4 つのキーワードの頭文字からとった略語。変化が激しく先行きが不透明で，将来の予測が困難な状況のこと。

7.2 理論的貢献

本書で展開された研究は，リーダーの成長に関する研究である。本研究が理論的にどのような貢献をするのか記す。

リーダーの成長過程に関する研究は，1つは，リーダーシップ開発研究（leadership development）であり，もう1つはリーダー発達研究（leader development）の2つに大別される（Day, 2000；田中，2013)。これまでのマネジャー研究の大半は，リーダーシップ開発研究であり，リーダーシップを対人的スキルと捉え，リーダーシップや能力獲得の要因となる経験や教訓に焦点をあわせたものであった。これらの研究は Kolb（1984）をはじめとする経験学習理論を中核概念としているが，経験学習理論モデルは基本的にキャリア発達過程での価値観，アイデンティティの変化は考慮されていないという限界が指摘できる。そのため，キャリアの中で，大きな価値観やアイデンティティの変化が生じた際，(1)具体的経験→(2)内省的観察→(3)抽象的概念化→(4)能動的試みというサイクルが，以前と同様に循環するかについては疑問が生じる。また同様に，経験学習理論に基づくリーダーシップ開発研究においても，中長期におけるリーダー発達過程での価値観やアイデンティティの変化が十分に考慮されているとは言い難い。

それに対して，リーダー発達研究は，リーダーの成長過程のメカニズムの解明に主眼を置き，リーダー個々の発達に注目した研究である。しかしながら，リーダー発達の仮説的モデルはあるものの，そのモデルを実証しようとした研究は多くはない。Lord & Hall（2005)，田中（2014）は Sedikides & Brewer（2015）によるアイデンティティの三水準モデル（個人的，関係的，集合的）を援用し，リーダー・アイデンティティにおいてもこれら3つの水準に区分でき，リーダーは個人的，関係的，集合的へとアイデンティティを変容させながら発達すると仮定した。本研究は，Lord & Hall（2005）のリーダー・アイデンティティ・モデルに注目し，医師を対象とした，リーダー発達に関する実証研究である。医師がトップ・マネジャーである病院長に就任するキャリアの節目では，経験学習の断絶，非連続性が認められ，前段階の経験学習，能力が次のステージではそのまま適用できない。これは，キャリアの節目では，異なるアイデンティティ水準を共有させることへの葛藤，また，求められる役割アイデンティティと現実のアイデンティティ水準の乖離が存在するためであり，必ずしも医師という職業の特殊性に起因するものではない。職階が上がるにしたがって，リーダーは経験学習により知識，能力を獲得し，その機能を量的に発展させていくだけでは十分ではなく，むしろ職階があがれば，アイデンティティを変容させ，リーダーシップ機能を質的に変貌させていることを示したことは理論的にも意義がある。

これまでの研究では，アイデンティティの変容など，リーダー成長過程のメカニズムや機序など心理的側面に焦点を当てたリーダー発達研究と，経験学習理論に基づいたリーダーシップ開発研究は別個に論じられることが多かった。何がアイデンティティの変容に影響したのか，また，どのような経験がアイデンティティの変容に作用し，リーダーとしての能力の獲得に影響を与えたのか，先行研究では明らかにされてはいない。第3章で示したように，Mezirow（1991）の変容的学習理論とアンラーニング理論，これら2つの理論は，リーダーシップ開発研究とリーダー発達研究とを接続し得る研究である。インタビュー調査から，今回とり上げた変革型リーダーは，キャリアの節目において，これまでもっていた自分の意味パースペクティブ（準拠枠，認識枠組み）と照らし合わせることでは到底解決できない強烈な経験をしている。そのような局面において，リーダーは，強い意識変容により，これまで当然のものと受け入れてきた認識枠組みを，いっそう包括的で，開放的で，変化に対しても感情的にも対処可能で，省察的なものとなるように変容させている（Mezirow, 2000；永井，2007）。そして，リーダーとしての行動を導く上で，このような意味パースペクティブをより確かで真実性の高いものになるように変容的学習をおこなっている。リーダーは変容的学習により，アイデンティティの水準を高め，行動している。これまでのスキルや価値観を一旦棄却するような変容的学習が，アンラーニングに他ならない。

「片足を抜く」,「メスを置く」,「手を下ろす」という意識変容をあらわすリーダーの語りからもわかるように，実際，アイデンティティの変容，さらに，そこから生じるリーダーシップ機能の変化も複雑であり，単調な線形モデルで捉えることはできない。個人のアイデンティティは，決して homogeneous なものではなく，顕現化している単一のアイデンティティのみで構成されるものではない。様々な自己概念の水準を包含した heterogeneous なものであると考えられる。今回調査した病院における変革型リーダーは，アイデンティティの分化と統合を繰り返しながら，自己複雑性を増大させ，様々な異なるアイデンティティ水準を包含し，最終的に集合的アイデンティティが優位となるトップ・マネジャーとして発達を遂げていた。自己複雑性の高いリーダーは，包含するアイデンティティも多様であるため，相互に異なる性質をもつアイデンティティにも戸惑うことがない。それ故に，キャリアの節目においても，葛藤がなく，変革型リーダーとして行動できたのである。トップ・マネジャーは，昇進に伴い役に立たなくなった知識，スキルを捨て，新たな役割において求められる知識，スキルを獲得する必要がある。組織を取り巻く環境が大きく変化するとき，トップ・マネジャーがアンラーニングする力は，組織が変革やイノベーションを進める原動力となるとされ，組織レベルだけでなく，個人レベルにも適用可能とされる（松尾，2014)。医師の変革型リーダーにおいても，キャリアの節目，とくにトップ・マネジャー就任後は，これまでの慣習にとらわれないアジェンダを設定し，新たな役割を創出するリーダー行動をしていたため，一見，アンラーニング，すなわちこれまでの，知識，考え方，そして価値観を完全に捨て去っていたように見えた。しかしながら，詳細なインタビュー調査の分析から，実は変革型リーダーは，これまでの価値観を捨て去ったのではなく，アイデンティティを変容させ，これまで光を当てていなかった経験を再解釈し，意味をもたせることにより価値観を再構築していたのである。このことは，先行研究ではみられなかったアンラーニングのメカニズムの解明，さらには変革型リーダーとなるプロセスの解明に１つの知見を提供することができたと考える。

7.3 実践的貢献

筆者は，現在，大学病院の診療科長であり，診療，研究，教育，そして診療科のマネジメントと，異なる4種類の役割を担っている。本書のリサーチクエスチョンは，筆者の現在の職責から生じる問題意識を背景に構成されたものであるため，当然ながら本研究は実践的に貢献することを目的として遂行されてきた。

病院を取り巻く環境が日々変化する今日，病院のトップ・マネジャーは，変革型リーダーとしてその舵取りを担うことが求められる。日本では院長が医師でなければならない[2] 以上，医師が長い臨床医としてのキャリアの中で，いかにして将来，有効となるトップ・マネジャーしての資質，能力を獲得すればいいのかを明らかにする必要がある。プロフェッショナルとして優れた能力を獲得した臨床医が，病院，医療組織の代表に選ばれ，院長に就任している。だからといって，すべての院長が経営者としても優れた変革型リーダーであるとは限らない。臨床医として，経験学習を繰り返しているだけでは，自然にトップ・マネジャーの資質や能力が身につくわけではないことを示したことは，優れた臨床医が院長に選ばれることが多い現状では，院長への就任経緯を見直す契機になる可能性もあり，実践的な貢献があると言える。

病院における変革型リーダーは，アイデンティティの水準を変容させながら発達する。では逆に，なぜアイデンティティを変容させることができずにいるトップ・マネジャーが存在するのであろうか。その理由として，プロフェッショナル・アイデンティティが大きい，もしくは，自己複雑性が小さくアイデンティティがそれ一色であるからと考えられる。医師はキャリア早

2　医療法第10条

期から，患者診療を通じて，徹底的に医師としてのプロフェッショナリズムを自らのアイデンティティとして刷り込まれる。卓越した臨床医ほど，プロフェッショナリズムをもとにした価値観，個人的アイデンティティは強固なものとなっている。そのためトップ・マネジャーとなっても，「患者を救うためには，病院経営の採算を度外視しても仕方がない」，「患者診療を優先させずに，採算や効率性を重視することは，倫理観，プロフェッショナリズムに悖ること」と，どうしても思ってしまう。アイデンティティの変容がなければ，診療と経営効率をトレードオフとしか考えることができず，俯瞰的に病院経営を捉えることができない。また，偏ったこだわりを捨てきれず，いつまでも「自分が，……」という個人的アイデンティティが優位である医師は，専門職に専念すべきであり，組織のガバナンスやマネジメントのことを考えれば，トップ・マネジャーにはふさわしくはない。

病院におけるリーダーの発達は，決して直線的ではなく，Day, Harrison, & Halpin (2012) が言うように螺旋的な発達軌道 (developmental trajectories) を描くのかもしれない。管理職としてのリーダーシップ機能が非連続的な質的変容をともなわなければならないとすれば，今後の病院組織管理施策には将来のリーダーとなるべき人物に「質的変容」を促すための意識変容を要する教育や機会を与える必要がある。

昨今，民間のコンサルティング会社主催の病院長，候補者を対象とした研修，塾，セミナーが盛んに開催されている。民間だけでなく，厚生労働省，経済産業省もトップマネジメント研修を定期的に開催している。全く経営の素養も問われず，訓練も受けることなく病院経営に携わることは困難だからではあるが，もちろん付け焼刃の知識を得るだけでは十分でない。

また，院長１人ですべての部門を管理し，適切な指導をおこなうことは困難である。医療ではチーム医療の必要性が盛んに言われているが，これは医療の専門志向に対する対応の１つである。病院経営も同様であり，病院経営全体にも適用されるべきものである。トップ・マネジャーである院長を中心に，病院の理念を共有した多職種からなる経営チームを作る必要がある。そのためには，自己複雑性が大きく，集合的アイデンティティを備えた変革型リーダーであれば，そのネットワーク構築力を活かし，経営チームを組織し，これから病院を支える人材の養成も任せることができる。

7.4　本研究の限界と今後の展望

7.4.1　本研究の限界と課題

本研究の限界についてはまず第1に，回顧的面接法によるデータ収集の限界が挙げられる。本研究は，100床以上の病院のトップ・マネジャー（過去に就いていた者も含む）を対象にインタビュー調査をおこなった。現在進行中の経験を客観的に語ることが困難であるため，回顧的面接法をとったが，インタビュイーが過去の体験を語る際，自身の個々の体験が矛盾なく統合されているかのように再構成されている可能性がある。そのため，行動観察法をとり入れることにより，再構成されていないトップ・マネジャーの行動を分析した。

第2に，本研究での調査対象のほぼ全員が変革型リーダーであり，リーダーシップ機能の質的変容の成功事例に偏向していることである。成功している変革型リーダーに注目するのは，成功したリーダーが，リーダー発達について多くの経験や心理的変化の局面を有していると想定されたからであるが，本来であれば，変革型リーダーになるプロセスを解明するためには，変革型リーダーになることができなかった，いわゆる失敗事例とも比較検討すべきである。しかしながら，失敗事例を客観的に判定することは困難であり，病院の経営的な失敗を失敗事例と判定すれば，以下の問題点が挙げられる。まずは，本研究で対象にした100床以上の病院が倒産した事例が，必ずしも多くないこと，さらに，そのトップ・マネジャーへのアクセスが事実上困難であること。また，経営の失敗が，必ずしも，トップ・マネジャーのリーダーシップに起因するわけではないことである。以上の理由から，本研究では失敗事例の検討はできなかったが，1名ではあるが，院長就任後1ヶ月という，今，まさにキャリアの節目にあり，トップ・マネジャーの経験の浅いリーダーの調査を行うことができ，分析に供した。

最後に，リーダーの発達的変容というタイトルからもわかるように，発達のためにはそれなりの時間的推移をともなう。真の意味での発達的変容を捉えるためには，長期間の変化を追うための研究期間が必要となるが，研究実施のための時間的制約と研究協力の困難さから限界はあるが，今後の課題としたい。

7.4.2　本研究を通しての提言

これまで政府は，団塊の世代が75歳以上の後期高齢者となる2025年，さらには少子化による急速な人口減少と団塊ジュニア世代が高齢者（65歳以上）になることで高齢者人口が最大となる2040年（国立社会保障・人口問題研究所，2017年推計，出生率・死亡率中位仮定，以下同じ）に向けて，地域医療構想の実現[3]，医師偏在対策，医療従事者の働き方改革を三位一体で推進する，総合的な医療提供体制の改革を進めてきた。

このような中，新型コロナウイルス感染症の流行は，各医療機関，地域医療提供体制に多大な影響を及ぼした。人口当たりの急性期病床数が世界的に高い水準にあるにもかかわらず，病床の確保が困難となり，救急搬送先が見つからないといった事態が発生した。一方，新型コロナウイルス感染症以外の一般医療に関して，医療需要は入院，外来患者ともに減少が継続しており，救急車受け入れ数，手術数も低水準で推移している。特に新型コロナウイルス感染症患者の入院を受け入れている病院の収益の悪化が顕著である（「新型コロナウイルス感染拡大による病院経営状況の調査（2020年度第4四半期結果報告）」2021年6月3日，一般社団法人日本病院協会・公益社団法人全日本病院協会・一般社団法人日本医療法人協会　https://ajhc.or.jp/

3　2014年（平成26年）6月に成立した「医療介護総合確保推進法」によって制度化された。地域医療構想は，将来人口推計をもとに2025年に必要となる病床数（病床の必要量）を4つの医療機能ごとに推計した上で，地域の医療関係者の協議を通じて病床の機能分化と連携を進め，効率的な医療提供体制を実現する取組みのこと。

siryo/20210603_covid19ank.pdf)。

各医療機関の経営に対する影響は，新型コロナウイルス感染症の流行による直接的なものだけでなく，人口の減少によって15年から20年後に起きると考えていた事態が，新型コロナウイルス感染症の流行をきっかけに前倒しで押し寄せたに過ぎない。次の3つの課題はこれからの病院のトップ・マネジャーが喫緊に取り組まなければならない課題である。

1) 医療機関間の機能分担と連携

これまでも医療組織のトップ・マネジャーは，得意分野や特徴ある診療科に資源を投入して病院全体の集患力を高める努力をしてきたが，新型コロナウイルス感染の流行により医療提供体制の脆弱性が露呈したことから，限られた医療資源を有効活用するため，今後より一層の医療機関間での機能分担が求められる。

医療機関間の機能分担が進めば，入院患者は自院の外来経由より他の医療機関からの紹介経由に比重が増し，患者紹介数の多寡，すなわち医療連携の強さが病院経営に直結する。本書では，人口減少による患者減少という現実を見据え，これまでの常識では考えられない病床数を減らすというダウンサイジングの戦略を選択し，危機感を近隣のライバル病院と共有することで連携に成功した社会医療法人緑壮会金田病院　金田道弘理事長を採り上げた。これまでの価値観，アイデンティティを変容させ，部下，周囲，敵対する相手でさえ協力をとりつけ，リエゾンとして新たな役割を創出し，リーダーシップを発揮するトップ・マネジャーの行動が，これからの医療機関間の機能分担と連携に必須である。

2) 患者ニーズに応じた新たなサービスを提供する変革

これまで「実際に患者さんに触れて診察しなければ，診断はくだせない」というのが多くの医師における意味パースペクティブ（準拠枠，判断基準）であった。新型コロナウイルス感染症の拡大でこれまでの社会の常識が大きく変化し，あらたな患者ニーズが出現した。その1つが，オンライン診療・服薬指導である。人との接触をできるだけ減らしたいとの考えから，医療機関への受診を控え，オンライン診療の患者ニーズが急速に高まった。医師がプロフェッショナルとして自ら生きる方向性を見出すためにも，そして，経営責任のある病院のトップ・マネジャーとしても，患者ニーズに応じた新たなサービスを提供する必要がある。これまでの意味パースペクティブを再構築し，アイデンティティの変容が求められる。

厚生労働省は2020年2月から感染症対策の特例措置としてオンライン診療と服薬指導の実施条件を緩和し，同年4月には医師が初診からオンラインで診療することができるようになった。医療機関向けにオンライン診療用のシステム提供に動く新規参入企業が相次いでいる。このような新しい患者ニーズに対し，設備投資，人材配置，スタッフ教育の観点からも，病院のトップ・マネジャーの迅速な意思決定が求められている。

3) 自らの医療組織に所属する職員を鼓舞し，働き方改革の推進

医療現場は新たな局面に入り，今後も感染の拡大に向けてのリスク管理対応が求められる。現場スタッフの不安やストレスの増大のため，マネジメントはこれまで以上に複雑化している。さらに職員の就業意識も変化しているため，トップ・マネジャーには働き方改革を推進するなど新しい価値を創造することが求められている。

今般の新型コロナウイルスによる感染拡大は，大きな社会変化を引き起こした。もちろん，誰もが予測しえなかった変化もあるが，前述したとおり，以前から指摘され5年から20年後に起きると考えていた事態が，新型コロナウイルス感染症の流行をきっかけに前倒しで生じた変化も含まれる。これらの変化に対して，医療組織のトップ・マネジャーは十分に準備してきたといえるだろうか。患者にとって最善の医療を提供することは，医師として当然の姿勢である。しかし，これから医療組織のトップ・マネジャーを目指す

医師は，それに加えて，どのような時代においても，またどのような社会的環境においても，質のよい医療を安定して提供できる組織を構築し，地域社会における責任を果たすことが求められているということをあらためて認識する必要がある。患者のニーズを的確に捉え，医療技術の進歩を取り入れ，すべての職員が誇りを持って最高のサービスを提供できるような環境を作り，それを継続させなければならない。それこそが，医療組織の経営にほかならない

本書が，臨床経験を重ね，管理職，そしてトップ・マネジャーへとキャリアを歩む医師が，変化への自然な抵抗をうまく克服しながら，他方で変化していく方向に夢，ビジョンを与え，人々を変化の波に乗せることができる医療組織の変革型リーダーへと変容するための一助となることを願っている。

付録 1

「国立病院機構岡山医療センター 青山名誉院長が示す，院長心得 20 ヶ条」

院長心得 20 ヶ条

「心構え」
1．2 年が勝負と思うべし
2．退路を断つべし
3．正統論を述べ，可能な限り実行すべし
4．部下を把握し，信頼して任すべし
5．公務員は有利と思うべし
6．兼業許可は授かり物と思うべし
7．経営のために医療の質を下げてはならない

「自己学習」
8．経営指標に明るくなるべし
9．先人に学ぶべし
10．他業種から学ぶべし
11．病院見学を積極的にするべし
12．医療情勢をつかむべし

「実行」
13．権限と責任を明確に宣言すべし
14．しっかりしたビジョンを示すべし
15．自分の武器を利用する
16．真実を語るべし
17．研修医を大切にすべし
18．病院独自な会議・教育・研修・人事方針を持つべし
19．人に優しい心を育てる
20．楽しめる病院を目指すべし

最悪の院長とは現実の直視を避け，身体を使わない院長である。

第 1 条 「2 年が勝負と思うべし」

期待に沿えねば去る覚悟をもつ。

覚悟ですよ。その覚悟がない。だから，もう病院長になったら，もうなったことで満足する院長が多い。院長になるというのは，過酷な状態に入る

んだと。その覚悟をもつかどうかです。とくに公的病院にはこの第１条が最も大切。２年が勝負と，もうそれでおしまい。僕は必ずしも黒を出せと言っとるわけじゃない。だけど，少なくとも見通し，５年の年限があるなら５年に向かってここまでこういけるという，そういう見通しが２年たってできない人は，３年やっても４年やっても一緒だと言っとるんです。だから，１年はご祝儀で，２年目が勝負。

第２条 「退路を断つべし」

過去の研究業績，臨床実績は関係なし。

第４条 「部下を把握し，信頼して任すべし」

各部署との面談

⑴医師：各診療科の役割を決める。方向性は原則，診療科長任せ。診療内容，大学との交渉，援助が必要なときのみ関与する。

⑵事務：合う仕事を（転勤族対応）。

⑶看護部：原則，看護部長任せ。人員の確保は院長の方針で。

⑷役職を作る（室）。

第６条 「兼業許可は授かりものと思うべし」

安い給料で医師を確保。病院に患者を誘導。収入の補助。

第７条 「経営のために医療の質を下げてはならない」

DPC 分岐点に振り回されない。入院確保のために日数を延ばさない。医療の質を評価する。（原則，診療報酬は確実にいただく）

第８条 「経営指標に明るくなるべし」

⑴医療制度を理解する

⑵医療制度を利用する

⑶医療制度の方向性を読み取る

付録 2

「インタビューガイドライン」

Q1：病院のトップ・マネジャーという仕事は，これまでの単なる臨床医とは，全く異なる慣れない仕事であったかと思いますが，印象に残っているようなこと，あるいは，一番ご苦労されたことをお話いただけませんか？

Q2：また，病院のトップ・マネジャーに就任された当初はどのように考え，どのように行動されていたのですか？　臨床医の仕事に未練のようなものはありませんでしたか？

Q3：先生が，トップ・マネジャーとして新たに始められた仕事はありますか，あればどのようなものがありますか？　なぜ，先生はそれを始めようとされたのでしょうか？

Q4：Q3とは反対に，先生が，院長の仕事としてやめられた，廃止された仕事はありますか，あればどのようなものがありますか？　なぜ，それをやめたのですか？　それはどのような影響を及ぼしましたか？

Q5：病院のトップ・マネジャーになられたからの経験で，院長としての振る舞いに影響を与えているものはありますか？　もしくは，どのような能力を高めていると思われますか？

Q6：臨床医時代，もしくはそれ以前の経験で，トップ・マネジャーの仕事に活かされたものはありますか？

参考文献

赤尾克己（2004）．「生涯発達―物語としての発達という視点」，赤尾勝己編『生涯学習理論を学ぶ人のために―欧米の成人教育理論生涯学習の理論と方法』（pp. 115-139），世界思想社．

Akgün, A. E., Byrne, J. C., Lynn, G. S., & Keskin, H. (2007). Organizational unlearning as changes in beliefs and routines in organizations. *Journal of Organizational Change Management, 20*(6), 794-812.

Avolio, B. J. (2007). Promoting more integrative strategies for leadership theory-building. *American Psychologist, 62*(1), 25-33.

米国医師エグゼクティブ学会（American College of Physician Executives）編集，青木則明・大田祥子・大石まり子監訳（2007）．『医療マネジメントのエッセンス―臨床・研究に続く医師の第3のキャリア』ヘルスサービスＲ＆Ｄセンター（CHORD-J）．

Brewer, M. B., & Gardner, W. (1996). Who is this "We"? Levels of collective identity and self representations. *Journal of Personality and Social Psychology, 71*(1), 83-93.

Bridges, W. (1980). *Transitions: Making sense of life's changes.* Perseus（倉光修・小林哲郎訳『トランジション―人生の転機』創元社，1994）．

Burns, J. M. (1978). *Leadership.* Harper & Row.

Charan, R., Drotter, S., & Noel, J. (2010). *The leadership pipeline: How to build the leadership powered company* (2nd ed.). John Wiley & Sons.

Day, D. V. (2000). Leadership development: A review in context. *The Leadership Quarterly, 11*(4), 581-613.

Day, D. V, Harrison, M. M., & Halpin, S. M. (2012). *An integrative approach to leader development: Connecting adult development, identity, and expertise.* Routledge.

Day, D. V., & Lance, C. E. (2004). Understanding the development of leadership complexity through latent growth modeling. In D. V. Day, S. J. Zaccaro, & S. M. Halpin (Eds.), *Leader development for transforming organizations* (pp. 61-90). Psychology Press.

Denis, J.-L., Lamothe, L., & Langley, A. (2001). The dynamics of collective leadership and strategic change in pluralistic organizations. *Academy of Management Journal, 44*(4), 809–837.

Dewey, J. (1938). *Experience and education. the Kappa Delta PI lecture series.* Collier Books（市村尚久訳『経験と教育』講談社，2004）.

遠藤由美（2005）.「自己」，唐沢かおり編『社会心理学』(pp. 51–66), 朝倉書房 .

Ericsson, K. A. (1996). The acquisition of expert performance: An introduction to some of the issues. In K. A. Ericsson (Ed.), *The road to excellence* (pp. 1–50). LEA.

Erikson, E. H. (1950). *Childhood and society.* W. W. Norton（仁科弥生訳『幼児期と社会 1』みすず書房，1977）.

Erikson, E. H. (1959). *Identity and the lifecycle.* Norton（西平直・中島由恵訳『アイデンティティとライフサイクル』誠信書房，2011）.

Etzioni, A. (1961). *A comparative analysis of complex organizations.* The Free Press of Glencoe（綿貫譲治訳『組織の社会学的分析』培風館，1966）.

Etzioni, A. (1964). *Modern organizations. Foundations of modern sociology series.* Prentice-Hall（渡瀬浩訳『現代組織論』至誠堂，1967）.

Fogel, D. S. (1992). The uniqueness of a professionally dominated organization. *Physicians and Management in Health Care, 14*(3), 75–84.

Freedman, A. M. (2011). Some implications of validation of the leadership pipeline concept: Guidelines for assisting managers-in-transition. *The Psychologist-Manager Journal, 14* (2), 140–159.

Freidson, E. (1974). *Professional dominance: The social structure of medical care.* Transaction Publishers（進藤雄三・宝月誠訳『医療と専門家支配』恒星社厚生閣，1992）.

藤本昌代（2005）.『専門職の転職構造—組織準拠性と移動』文眞堂.

福井亜由美・岡本祐子（2017）.「組織のリーダー経験が個人の多水準自己概念にもたらす影響」『広島大学大学院心理臨床教育研究センター紀要』*16*，25–40.

George, B., Sims, P., McLean, A. N., & Mayer, D. (2007). Discovering your authentic leadership. *Harvard Business Review, 85*(2), 129–136.

Gouldner, A. W. (1958). Cosmopolitans and locals: Toward an analysis of latent social roles. II. *Administrative Science Quarterly, 2*(4), 444–480.

Hannah, S. T., Woolfolk, R. L., & Lord, R. G. (2009). Leader self-structure: A framework for positive leadership. *Journal of Organizational Behavior: The International Journal of Industrial, Occupational and Organizational Psychology and Behavior, 30*(2), 269–290.

Hill, L. A. (1992). *Becoming a manager: Mastery of a new identity.* Harvard Business School Press.

Howell, J. M., & Higgins, C. A. (1990). Champions of technological innovation. *Administrative Science Quarterly, 35*(2), 317-341.

Ibarra, H. (2015). The authenticity paradox. *Harvard Business Review, 93*(1/2), 53-59(高橋由香理訳「オーセンティック・リーダーシップの罠—「自分らしさ」が仇になる時（特集 人を巻き込む技術）」『DIAMOND ハーバード・ビジネス・レビュー』2016 年 2 月号, 42-53, 2016).

猪飼周平 (2010).『病院の世紀の理論』有斐閣.

Jarvis, P. (2011). *Adult learning in the social context.* Routledge (original work published 1987, Croom-Helm).

Johnson, R. E., Selenta, C., & Lord, R. G. (2006). When organizational justice and the self-concept meet: Consequences for the organization and its members. *Organizational Behavior and Human Decision Processes, 99*(2), 175-201.

Johnson, R. E., Venus, M., Lanaj, K., Mao, C., & Chang, C.-H. (2012). Leader identity as an antecedent of the frequency and consistency of transformational, consideration, and abusive leadership behaviors. *Journal of Applied Psychology, 97*(6), 1262-1272.

金井壽宏 (1989).「変革型リーダーシップ論の展望」『神戸大学経営学部研究年報』*35*, 143-276.

金井壽宏 (1991).『変革型ミドルの探求—戦略・革新指向の管理者行動』白桃書房.

金井壽宏 (2002a).『仕事で「一皮むける」—関経連「一皮むけた経験」に学ぶ』光文社新書.

金井壽宏 (2002b).『働くひとのためのキャリア・デザイン』PHP 新書.

木村憲洋 (2013).『病院の仕組み / 各種団体, 学会の成り立ち—内部構造と外部環境の基礎知識［第 2 版］医療経営士初級テキスト 4』日本医療企画.

木谷智子・岡本祐子 (2018).「自己の多面性とアイデンティティの関連」『青年心理学研究』*29*(2), 91-105.

小池和男 (2005).『仕事の経済学［第 3 版］』東洋経済新報社.

古城資久 (2006).「活力ある人材育成を目指して—中小病院の立場から」『第 23 回大分県病院学会特集号』大分県病院協会.

古城資久 (2013).「第 4 章　病院経営における外への戦略・地域外への展開」, 堺常雄・高橋淑郎編著『病院経営のイノベーション』(pp. 43-65), 建帛社.

Kolb, D. A. (1984). *Experiential learning : Experience as the source of learning and development.* Prentice-Hall.

小松秀樹 (2006).『医療崩壊—「立ち去り型サボタージュ」とは何か』朝日新聞社.

Kotter, J. P. (1982). *The general managers.* Simon and Schuster (金井壽宏・加護

野忠男・谷光太郎・宇田川富秋訳『J. P. コッター ビジネス・リーダー論』ダイヤモンド社, 2009).

Kotter, J. P. (1999). What leaders really do. *Harvard Business Review,* May-June, *68*(3), 103-111.

楠見孝 (2014).「ホワイトカラーの熟達化を支える実践知の獲得」『組織科学』*48*(2), 6-15.

Lewin, K. (1947). Frontiers in group dynamics: Concept, method and reality in social science; social equilibria and social change. *Human Relations, 1*(1), 5-41.

Linville, P. W. (1985). Self-complexity and affective extremity: Don't put all of your eggs in one cognitive basket. *Social Cognition, 3*(1), 94-120.

Linville, P. W. (1987). Self-complexity as a cognitive buffer against stress-related illness and depression. *Journal of Personality and Social Psychology, 52*(4), 663-676.

Lord, R. G., & Hall, R. J. (2005). Identity, deep structure and the development of leadership skill. *The Leadership Quarterly, 16*(4), 591-615.

前田智香子 (2009).「専門家の職業的アイデンティティ形成の研究に必要な視点」『関西大学文学部心理学論集』*3*, 5-14.

松尾睦 (2006).『経験からの学習―プロフェッショナルへの成長プロセス』同文舘出版.

松尾睦 (2009).『学習する病院組織―患者志向の構造化とリーダーシップ』同文舘出版.

松尾睦 (2013).『成長する管理職―優れたマネジャーはいかに経験から学んでいるのか』東洋経済新報社.

松尾睦 (2014).「事業統括役員に求められるアンラーニング」北海道大学大学院経済学研究科 Discussion Paper, Series B, *127*, 1-17.

McCall, Jr., M W. (1988). *The lessons of experience: How successful executives develop on the job.* Lexington Books.

McCall, Jr., M. W. (1998). *High flyers: Developing the next generation of leaders.* Harvard Business Press (金井壽宏監訳, リクルートワークス研究所訳『ハイ・フライヤー―次世代リーダーの育成法』プレジデント社, 2002).

McCauley, C. D., & Moxley, R. S., & Van Velsor. E. (1998). *The center for creative leadership: Handbook of leadership development.* Jossey-Bass (金井壽宏監訳, 嶋村伸明・リクルートマネジメントソリューションズ組織行動研究所訳『リーダーシップ開発ハンドブック』白桃書房, 2011).

McCauley, C. D., Ruderman, M. N., Ohlott, P. J., & Morrow, J. E. (1994). Assessing the developmental components of managerial jobs. *Journal of Applied Psychology, 79*(4), 544-560.

Merriam, S. B., & Clark, M. C. (1993). Learning from life experience: What makes it significant? *International Journal of Life Long Education, 12*(2), 129-138.

Merriam, S. B., & Heuer, B. (1996). Meaning-making, adult learning and development: A model with implications for practice. *International Journal of Lifelong Education, 15*(4), 243-255.

Mezirow, J. (1991). *Transformative dimensions of adult learning.* Jossey-Bass (金澤睦・三輪健二訳『おとなの学びと変容―変容的学習とはなにか』鳳書房, 2012).

Mezirow, J. (2000). *Learning as transformation: Critical perspectives on a theory in progress. The Jossey-Bass Higher and Adult Education Series.* Jossey-Bass Publishers.

Mintzberg, H. (1973). *The nature of management work.* Harpar and Row (奥村哲史・須貝栄訳『マネジャーの仕事』白桃書房, 1993).

三隅二不二 (1978).『リーダーシップ行動の科学』有斐閣.

永井健夫 (2007).「変容的学習と「成人性」の関係をめぐる試論」『生涯学習センター紀要：大学改革と生涯学習』107-116.

中原淳 (2013).「経験学習の理論的系譜と研究動向 (特集 人材育成とキャリア開発)」『日本労働研究雑誌』*55*(10), 4-14.

中野秀一郎 (1981).『プロフェッションの社会学―医師, 大学教師を中心に』木鐸社.

太田肇 (1993).『プロフェッショナルと組織―組織と個人の「間接的統合」』同文舘出版.

小澤伸光 (2018).「変革型リーダーシップ論再考」『駿河台経済論集』*27*(2), 175-187.

Rafaeli-Mor, E., & Steinberg, J. (2002). Self-complexity and well-being: A review and research synthesis. *Personality and Social Psychology Review, 6*(1), 31-58.

佐伯胖 (2012).「まなびほぐし (アンラーン)」のすすめ」, 苅宿俊文・佐伯胖・高木光太郎編『ワークショップと学び 1　まなびを学ぶ』(pp.27-68) 東京大学出版会.

坂梨薫・安川文朗・戸梶亜紀彦 (2004).「病院経営者の意思決定に関する研究」『広島大学マネジメント研究』*4*, 185-194.

Schön, D. A. (2008). *The reflective practitioner: How professionals think in action.* Hachette (柳沢昌一・三輪健二監訳『省察的実践とは何か―プロフェッショナ

ルの行為と思考』鳳書房，2007).

Sedikides, C., & Brewer, M. B. (2015). *Individual self, relational self, collective self.* Psychology Press.

Shin, S. J., & Zhou, J. (2003). Transformational leadership, conservation, and creativity: Evidence from Korea. *Academy of Management Journal, 46* (6), 703-714.

Sluss, D. M., van Dick, R., & Thompson, B. S. (2011). Role theory in organizations: A relational perspective. *APA Handbook of Industrial and Organizational Psychology, 1*, 505-534.

Stanton, A. H., & Schwartz, M. S. (1954). *The mental hospital: A study of institutional participation in psychiatric illness and treatment.* Basic Books.

田中堅一郎 (2013).「リーダー発達過程における自己概念の変容についての社会心理学的考察」『立教大学心理学研究』*55*, 79-88.

田中堅一郎 (2014).「リーダーの自己概念からみたリーダーシップ研究の動向」『立教大学心理学研究』*56*, 59-68.

田中堅一郎 (2017).「リーダー発達に関する心理学的研究の動向と課題」『日本大学大学院総合社会情報研究科紀要』*238* (18)，227-238.

田中朋弘 (2009).「職業の倫理—専門職倫理に関する基礎的考察」，橘木俊詔編著『働くことの意味』(pp. 119-141)，ミネルヴァ書房.

谷口智彦 (2006).『マネジャーのキャリアと学習—コンテクスト・アプローチによる仕事経験分析』白桃書房.

田尾雅夫 (1998).「組織論の視点からみた病院 (特集 新時代の病院組織)」『病院』*57*(1), 50-54.

Tichy, N. M., & Devanna, M. A. (1986). *The transformational leader: The key to global compettiveness.* John Wiley & Sons (小林薫訳『現状変革型リーダー——変化・イノベーション・企業家精神への挑戦』ダイヤモンド社，1988).

Tsang, E. W. K., & Zahra, S. A. (2008). Organizational unlearning. *Human Relations, 61* (10), 1435-1462.

辻大介 (2004).「若者の親子・友人関係とアイデンティティ」『関西大学社会学部紀要』*35*(2), 147-159.

常葉 - 布施美穂 (2004).「変容的学習—J. メジローの理論をめぐって」，赤尾勝己編『生涯学習理論を学ぶ人のために』(pp.87-114)，世界思想社.

Van Knippenberg, D., & Hogg, M. A. (2003). A social identity model of leadership effectiveness in organizations. *Research in Organizational Behavior, 25*, 243-295.

山川肖美 (2004).「経験学習—D・A・コルブの理論をめぐって」，赤尾勝己編『生涯学習理論を学ぶ人のために』(pp.141-169)，世界思想社.

Yin, R. K. (1994). *Case study reseach: Design and methods* (2nd ed.). Sage Publications (近藤公彦訳『ケース・スタディの方法』千倉書房，1996).

米本倉基 (2010).「人的資源管理―ヒトは経営の根幹」『医療経営士中級【一般講座】テキスト 6』日本医療企画.

事項索引

欧文・数字

あ　行

か　行

さ 行

た 行

な 行

は 行

ま 行

や 行

ら 行

人名索引

A-D

E-G

H-J

K-N

R-T

V-Z

あ 行

か 行

さ・た行

な・は行

ま・や行

本刊行物は，JSPS 科研費　JP21HP5134　の助成を受けたものです。

This publication was supported by JSPS KAKENHI Grant Number JP21HP5134.

■著者紹介

渡邉豊彦（わたなべ・とよひこ）

1967年　兵庫県姫路市生まれ
1991年　岡山大学医学部 卒業
1995年　岡山大学大学院医学研究科（泌尿器科学専攻）修了　博士（医学）
1995年　トーマスジェファーソン大学 神経泌尿器科学フェロー
1997年　ピッツバーグ大学 神経泌尿器科学フェロー
2011年　岡山大学大学院医歯薬学総合研究科泌尿器病態学　准教授
2019年　岡山大学病院 泌尿器科診療科長
2020年　神戸大学大学院経営学研究科 博士課程後期課程 修了　博士（経営学）
現　在　岡山大学学術研究院ヘルスシステム統合科学学域　教授

研究分野：
泌尿器科学，神経泌尿器科学，泌尿器内視鏡学，ヘルスシステムマネジメント学
主要業績：
「第7章　創薬におけるアカデミアの役割と課題」『MBAが考えるヘルスケア経営：その戦略と組織』碩学社，2021（共著）.
「下部尿路機能障害：過活動膀胱」『泌尿器科外来マスターバイブル』医学書院，2019（分担執筆）.
「第1部　総論：10．脊髄損傷の診療におけるコストベネフィット」『脊髄損傷における下部尿路機能障害の診療ガイドライン　2019年版』中外医学社，2019（分担執筆）.
Neurogenic voiding dysfunction. *Practical Urodynamics*. W.B. SAUNDERS COMPANY, 1996（分担執筆）.
Cost-effectiveness analysis of long-term intermittent self-catheterization with hydrophilic-coated and uncoated catheters in patients with spinal cord injury in Japan. *LUTS*. 2017, 9 (3) : 142-150（共著）.
Nerve growth factor level in the prostatic fluid of patients with chronic prostatitis/chronic pelvic pain syndrome is correlated with symptom severity and response to treatment. *BJU International*. 2011, 108 (2) : 248-251（共著）.

■ 医療組織のトップ・マネジャー
—病院経営を革新する変革型リーダー：その成長と行動

■ 発行日——2022年 2月16日　初版発行　〈検印省略〉

■ 著　者——渡邉豊彦

■ 発行者——大矢栄一郎

■ 発行所——株式会社　白桃書房

〒101-0021　東京都千代田区外神田5-1-15
☎03-3836-4781　Ⓕ03-3836-9370　振替00100-4-20192
https://www.hakutou.co.jp/

■ 印刷・製本——藤原印刷

　ISBN 978-4-561-26761-4 C3034